個別最適な学び × 協働的な学び × ICT 超入門

佐々木 潤 著

明治図書

JN194177

はじめに

「潤先生がやるとうまく進むのに，私がやるとうまくいかないのはなぜなんでしょう？」

　私が勤務校で，いっしょに算数の個別最適な学び・協働的な学びをやっていた担任の先生の言葉です。

　2022年度に，私は担任を外れ2〜4年の算数のＴＴと3〜6年の理科専科をしていました。その先生は，私がその前の年までに算数の授業を「個別最適な学び×協働的な学び×ＩＣＴ活用」で実践して効果を上げていたことを知っていました。そしてそれを自分もやってみたい！と思って，個別最適な学び・協働的な学び（以下，本文中でも「個別最適・協働的な学び」「個別協働」と省略して記述することもあります。）に挑戦していたところでした。

　しかし，なかなかうまくいきませんでした。

　最初は1単位時間内で個別協働を取り入れることにして進めました。ですが，子どもが個別に学習する時間が少なくなってしまいました。理由は単純です。先生の説明が長いのです。教えることを手放せなかったのです。

　前作『個別最適な学び×協働的な学び×ＩＣＴ入門』にも書きましたが，一番のハードルは「授業は教師が教えるもの」という指導観を変えることです。しかし，なかなかそう簡単に変えられるものではありません。

　そこから，その先生と一つ一つ確認しながら授業を設計していきました。「ここではこれぐらい一斉指導を入れてあとは子どもたちに任せてみましょう。」「丸付けは最初の1問だけにして，あとは自己採点にしましょう。」という具合に，一つ一つ具体的なイメージが浮かぶように話しました。

自分が実践しているときには，もともとの授業イメージ（どこで何をするのか，こういう場合はこうする，とか）を自分がもっていたので誰かと共有する必要はありません。しかし，他の先生が実践するには一つ一つのノウハウを細かく伝える必要がありました。

　そして，半年したあたりから，その先生は自分で個別協働の授業を進められるようになりました。私はほとんど力を貸しません。始めたばかりのころに悩んでいた姿はどこにもありません。本人曰く「単元を見通すことができるようになってきたからだと思います。子どもたちも慣れてきて自分でできるようになってきたことも大きいです。」

　同様に，他の学年の先生とも算数の個別協働の学習を進めていました。そこでは逆に子どもに任せすぎて子ども自身が戸惑う，ということも見られました。「ここではもう少し確認してから個別にした方がいいかもしれませんね。」「自分の学習の見通しをつける時間があるといいですね。」ということを話すこともありました。

　口コミで「どうも個別協働はいいらしい」と職員室の話題となり，勤務校の先生方は校内研究の研究教科でもないのに（笑）みんなが個別協働の学習に取り組むこととなりました。3学期には，他の自治体の教育委員会の方，大学の教授，教職員支援機構（NIITS）など多くの方が参観にいらして，個別協働の学習が全校的な取り組みになっていることに驚かれていました。（私としてはそれほど大したことではないと思っていたのですが，全校的に取り組むことの難しさをあとで思い知ることになります。）

　個別最適な学び・協働的な学びは，先生のタイプによっても，クラスの子どもたちの実態によっても変わってきます。ですから，システムとちょっとした手立ての工夫などをチューニングする必要があります。ですが，何をどうしていけばいいのか，そこで悩んでしまうことが多く見られました。

　それを解決するには，実践に取り組むためにどうすればいいのか，もっと

具体的で段階を踏んだ説明が必要ではないかと思い始めました。

　2023年の３月に宮城県公立小学校を定年退職し，４月からは石川県加賀市教育委員会に所属し，「教育推進プロジェクトマネージャー」として，個別最適な学び，協働的な学び，ＩＣＴ活用を取り入れた授業を市内の小中学校に広める役割を担うことになりました。加賀市では「Be The Player」といういうタイトルの教育改革を掲げ，個別最適…はもちろん，ＳＴＥＡＭ，探究，プログラミング，etc という大胆な教育ビジョンをもとに改革を進めています。各学校を訪問し，個別最適な学び，協働的な学び，ＩＣＴ活用を取り入れた授業に取り組もうとしている先生方の伴走をするというのが私の役割です。

　そして前任校でやってきたように，先生方と授業について相談したり，ときには授業に入ったりしてきました。そこでも同じように，何から始めていいのか戸惑ったり，これでいいのかどうかわからずに悩んだりする先生方が多くいました。毎日同じ学校にいるわけではないので，話をする時間はあまりありません。その中でどんなことを効果的に伝えるのかは難しいことです。

　やはり，前任校のときと同じようにもっと具体的で段階を踏んだ説明が必要だと感じました。そこで，資料となるスライドをたくさん作り，それを共有しいつでも見られるようにしたり，参考となる本を紹介したりしてきました。夏休みの研修会でも，具体的に細かいところまで授業の相談をしました。

　他の先生が実践するにはどうすればいいのか？どうしたら分かりやすいのか？スムーズに始めるにはどうしたらいいのか？

　そういう経緯から，この本を書くことにしました。タイトルにあるように**「『超』入門」です。「私」ではない先生ができるようにすることを目的**としています。

　おそらく，日本全国には「やりたいと思っているのだけれど，どうすればいいのか分からない。」「本で読んだけど，なかなかイメージがつかめない。」

「自分の周りで取り組んでいる人がいないので，行き詰ってしまう。」という先生が多いのではないかと想像できます。

　ゼロからでも取り組めるように，具体的で分かりやすいことを伝えられれば，きっと楽に気持ち良く授業ができるのではないかと思います。

　前作「個別最適な学び×協働的な学び×ＩＣＴ入門」は，みなさんに手に取っていただき，おかげさまで何度か増刷され，「分かりやすい」と好評を博しております。出版社の方からも「第2弾を出せませんか？」という連絡があり，書くことにしました。

　今回は，前作よりもさらに分かりやすいものにするために，教科の事例は国語と算数だけにしぼり，また，イラストや図を多く入れるようにしました。また，最初はみんな不安だったことなどを共感してほしいと思い「個別最適〜」の授業に取り組んでいる先生方のインタビュー記事を載せました。人間関係づくりにも悩んでいる先生も多いので，好評だったアクティビティの数々もあります。

　なお，前作『個別最適な学び×協働的な学び×ＩＣＴ入門』を読んでいない方が読むことを考慮して，**前作と同じような内容，同じような表現がありますのでご了承ください。**

　この本を手に取ったあなた。
　授業を変えたいと日々思っているのでしょう？
　少しの勇気と覚悟をもっていればできます。
　きっと，「やってみて良かった！」という日がきます。

　では，最後までおつきあいください。

目次

2　さあ始めよう，個別最適な学び×協働的な学び×ＩＣＴ活用

3　個別最適な学び・協働的な学びを支えるもの

4　取り組んでいる先生たちの話 ＆こんな時どうする？Q＆A

何からすればいいの？
初めの一歩

1

1 「個別最適な学び」を始めよう

1 「個別最適な学び」って何？

　前作をお読みいただいた方には重複する内容ですが，まずはここから。

　ご存じかもしれませんが，この言葉が注目されるようになったのは，令和3年1月に文科省が「令和の日本型学校教育」を発表してからです。

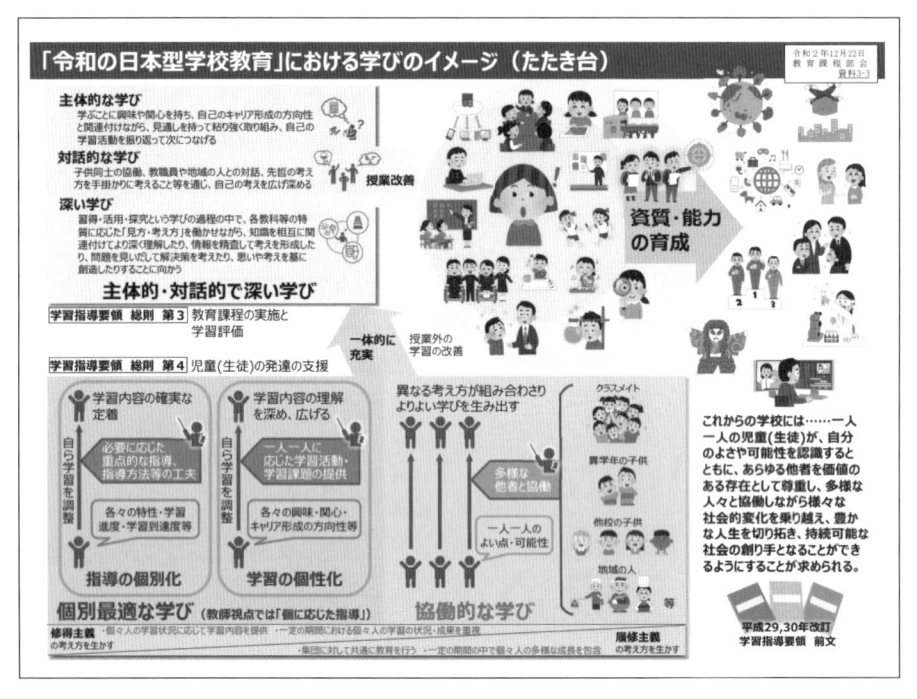

文科省HPより

　ここから，あちらこちらで多く聞かれるようになったこの言葉「個別最適な学び」。いろいろな著名な方が，いろいろな定義，表現をされています。

私が思う「個別最適な学び」は，

○　学習内容
○　学習方法
○　学習時間

を**子ども自身が決めること**だと考えています。

実は，これまでに取り組まれていた実践の中にもこうした学び方が取り入れられています。

例をあげると次のような感じです。

学習内容の最適化	◇ 国語の物語文の学習で考えたい課題を選ぶ。 ◇ 社会科で県の特徴的な地域を選んで調べる。 ◇ 算数でやりたいプリントを選ぶ。
学習方法の最適化	◇ 社会科で調べるときに，教科書，ネット，動画のいずれかを使って調べる。 ◇ 国語で読み取ったことを表現するときに，劇化，スライド，パンフレットなどの中から選ぶ。
学習時間の最適化	◇ 算数の問題を自分のペースで解く。 ◇ 社会科で調べてまとめる時間配分を自分で決める。 ◇ 国語で表現活動の準備の時間を自分で決める。

この，学習内容・学習方法・学習時間のいずれかが最適化されている学びが「個別最適な学び」であると考えています。つまり，**みんなで一斉に一律の内容を同じやり方で同じペースで学習するのではなく，子ども一人一人が自分に合ったものを選んだり，設定したりして学習することです。**

また，**学習する場所が選べる環境**にあるのであれば，それも個別最適な学びの一部になるでしょう。実際，教室以外の部屋や開放的な学習スペースなどを，学習する場所として子どもたちに選ばせている学校もあります。

では，なぜ個別最適な学びを取り入れた方がいいのか？

　それは，これまでの一斉指導の問題点を解決するためです。一斉指導では，教室にいる子どもたち全員が同じ内容を，同じ方法で，同じ進度で学習します。そうすると，分かりきっている子どもは他の子が理解するまで，問題を解くまで待たなければならないし，分からない子は分からないまま長い時間を過ごすことになります。

　教室にいる子どもたちには個人差があります。ざっと考えただけでも次のような違いがあります。

- ◇ 既習事項の定着・理解力
- ◇ 思考力・判断力
- ◇ 学習スピード・ペース配分
- ◇ 興味関心・嗜好
- ◇ 学習スタイル・方法
- ◇ 生活経験・生活環境

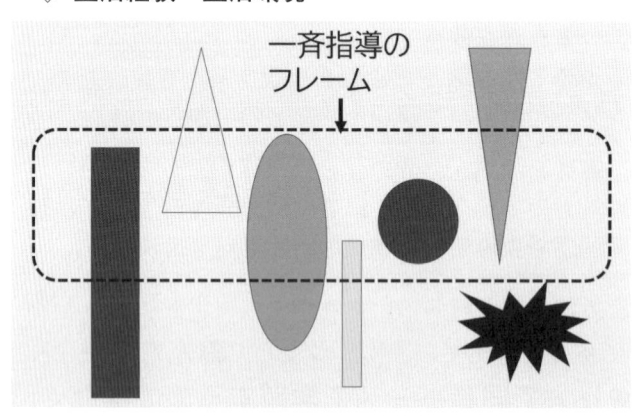

一斉指導のイメージ

　左の図は一斉指導のイメージです。単純に上下に差があるだけでなく，子どもの「カタチ」は様々です。一斉指導はどうしても中間層に合わせて授業をします。ですから，そこからはみ出してしまった子の学力向上の可能性が封じられてしまいます。それを解消するのが個別最適な学びです。

2 「個別最適な学び」の目的は何？

この，個別最適な学びを行う目的は

自立（自律）した学習者を育てること

だと考えています。

私が考える「自立（自律）した学習者」とは，

① 問題を発見して課題を設定する
② どのように解決できるか見通しをもつ
③ 様々な解決方法を駆使し，試行錯誤し，工夫する
④ 問題解決に向かって主体的に活動する
⑤ 解決の結果を吟味し振り返る
⑥ 次の問題を発見する

というサイクルを，学ぶ内容，方法，時間を自分で調整しながら回せる，というものです。

そして，**自分自身の成長を目的に学び続ける**ことを意識している学習者になることです。

これは，何も子どもに限ったことではなく，**大人にも（教師にも）同じことが言える**と考えています。自分自身の成長を目的に学ぶ人になっているかどうか？学び続ける大人になっているか？これからを生きる子どもたちには将来的にはそうなってほしい，という願いが込められています。

みなさんもご存じのとおり，これからは予測不可能な時代だと言われてい

ます。ＶＵＣＡ（ブーカ）とも言われていますね。ＶＵＣＡは，こちらの4つの単語の頭文字をとった造語です。

V（Volatility：変動性）
U（Uncertainty：不確実性）
C（Complexity：複雑性）
A（Ambiguity：曖昧性）

これまでにない問題が発生したり，これまでにない価値観の変化が表れたりするでしょう。そんな世の中を生きていく**子どもたちに必要なのは，「問題を発見し，解決していく能力」**です。自立（自律）した学習者を育てることはこの力の育成と合致しています。

これまでの，一斉指導でもこのような目的が達成できれば良かったのです。しかし，みなさんもご存じのように残念ながらうまくいきませんでした。一斉指導では，子どもたちが教師の説明を聞き，指示に従って学習を進めることが多くなってしまうからです。問題は先生から与えられ，解決の仕方を指定され，表現の方法も一律。自分で考えずに指示された通りに動く。主体性を発揮するような場面はあまりなく，受け身にならざるを得ません。問題を発見して解決する能力が育成されるような授業ではありませんでした。

すると当然意欲も低下し，学びが成り立ちにくくなってしまっていました。ですから，これまでの授業を改善する必要が出てきたのです。

これからの授業では，子どもが自分でやることを決めて，計画し，問題を解決していくことが必要です。学びのコントローラーを子ども自身がもつ，そういう授業です。そのためには，個別最適な学びをしていく必要があるのです。

前作「個別最適な学び×協働的な学び×ＩＣＴ入門」でも書きましたが，これからの授業には，子どもの多様性に対応し，一人一人を伸ばしていくことが不可欠です。現状の学校教育はどうでしょう？ こうした力をつけられるような授業になっているでしょうか？

3 「個別最適な学び」ってどうやるの？

　みなさんの授業では，子ども自身が何かを決める場面はありますか？要するに，子ども自身に選択の余地があるか？ということです。

　繰り返しますが，個別最適な学びは「学習内容」「学習方法」「学習時間」を子ども自身が決めることだと考えています。

1 学習内容を決めるってどういうこと？

　学習内容を決めるというのは，「何を学ぶのか」を自分で決めることです。例えば，自分で課題を設定する，課題を選ぶ，課題をやる順序を選択するということが挙げられます。

課題を設定する学習

　課題を設定できるようにするには，ある程度の経験が必要かもしれませんが，決してできないことではありません。例えば，社会や理科で疑問に思ったことから取り組むことを決める，ということはよく行われていることです。

　また，国語の物語の学習では一通り読んでみて，それぞれ問いを立ててそれについて読みを深める，という実践例もあります。

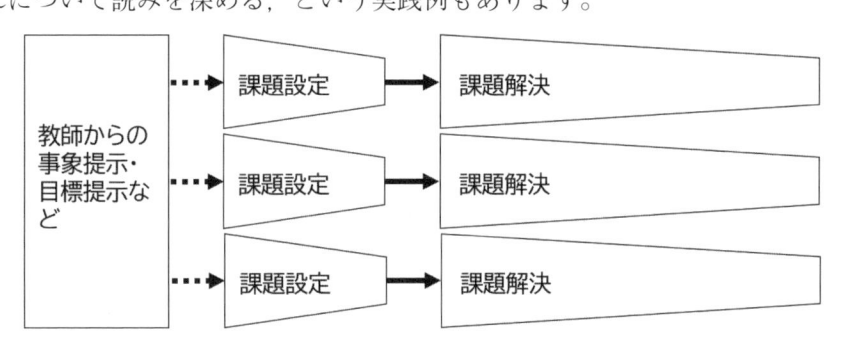

課題を設定する学習のモデル

🖊 課題を選択する学習

　課題を選ぶ，ということは比較的やりやすい方法です。子どもから出た課題でもいいし，教師から出した課題でもいいでしょう。いくつかあるものから自分に合ったもの，興味のあるものを選ぶのです。

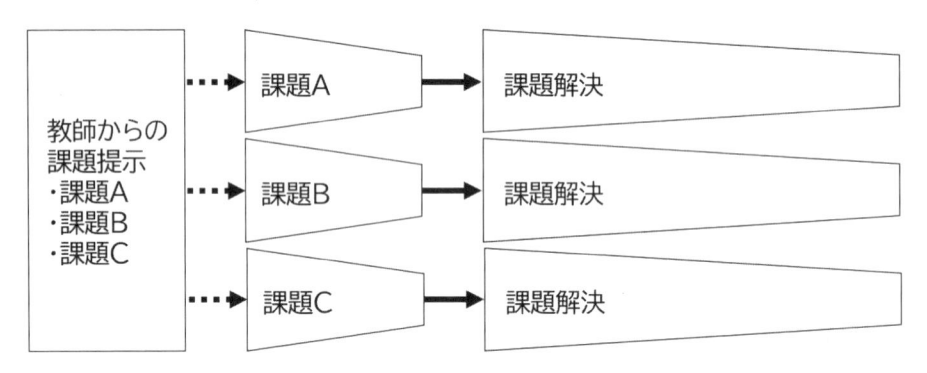

課題を選ぶ学習のモデル

🖊 課題の順序を選択する学習

　課題をやる順序を選択する，ということもやりやすいです。例えば，理科の水溶液の学習では，酸性，中性，アルカリ性を分けることと，溶けているものを調べることは，どちらを先にやっても問題ありません。

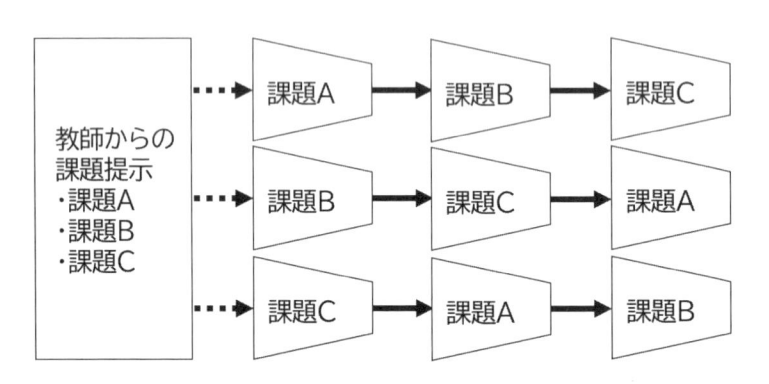

課題をやる順序を選ぶ学習のモデル

このような学習は意欲の向上につながります。しかし，学ぶことは何でもいいわけではありません。教師が指導要領の範囲内でできるようにすることが大切です。

2 | 学習方法を決めるってどういうこと？

　学習方法を決めるというのは，「何を使って学ぶのか」「誰と学ぶのか」を自分で決めることです。

　例えば，教科書を使う，プリントを使う，動画を観る，といった，使うものを決める（選ぶ）ということや，友達と一緒にやる，一人でやる，先生に聞く，といったことなどです。

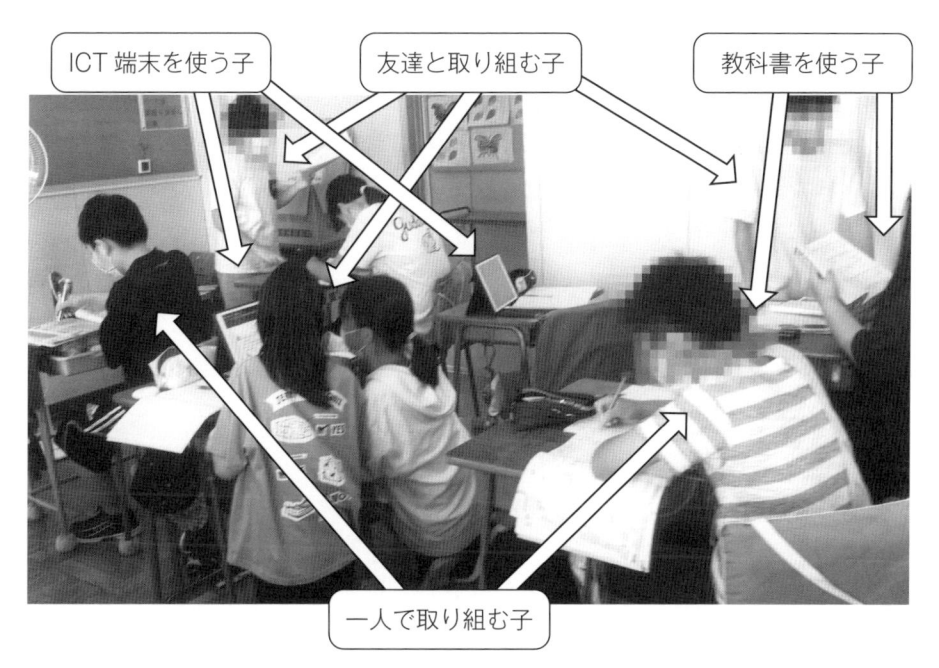

ある日の私のクラス（6年）の算数の授業の様子

文章を落ち着いて読んだ方がよく分かる，動画を観た方がよく分かる，誰かに説明された方がよく分かる，具体物を操作した方が分かる，体験した方がよく分かる，人によって向き不向きがあります。

　これまでは，みんな同じやり方で学んでいました。ですから，「このやり方ではちょっと分かりにくいな……。」と感じていたとしても自分では変えられませんでした。

　ですから，自分に合ったやり方，学び方を自分で決められればいいのではないでしょうか？ということです。そうすれば子どもたちの学びはもっと分かりやすく，楽しく，有意義なものになるでしょう。

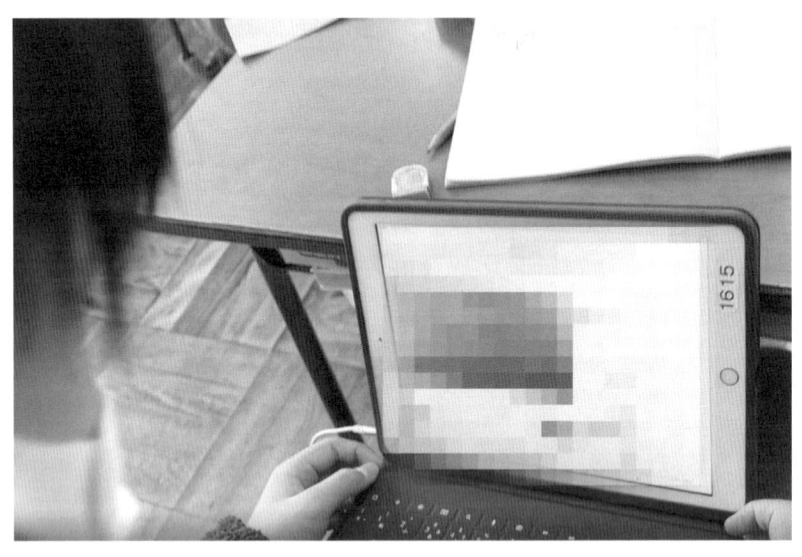

問題の解き方を解説している動画を観て学ぶ子

　ＩＣＴ端末を使えばさらに方法は広がります。ちょっと検索すれば適用問題が載っているプリントを使うこともできます。アプリを使うこともできるでしょう。ノートの代わりにワープロソフトを使い，写真を貼り付けることもできます。プレゼンソフトでスライドもつくれます。動画も編集できます。

　いずれにしても与えられるのを待つのではなく，自分のことは自分で決める，ということです。

3 | 学習時間を決めるってどういうこと？

　学習時間を決めるというのは，「どれぐらい時間をかけて学ぶのか」を自分で決めることです。

　例えば，国語でリーフレットをつくる際に，３時間の枠があったら２時間を情報収集にあてる子どももいれば，１時間だけ使う子もいる，ということです。１時間で清書できるという見通しがあれば，２時間じっくり調べることに費やせるでしょう。自分は成果物をつくるのにいつも時間がかかるから，清書に２時間かけようと決めることもあるでしょう。

　理科の単元内自由進度（第２章の教科編で詳しく説明します。）だったら，あと８時間でこの単元の学習を終わらせればいいから，時間に余裕があるな，だったら分からない子に教えることももっとできるな，とか，あと４時間しかないからもう少しペースを早めた方がいいな，と判断して学習を進めることです。

　端的な例を挙げましたが，このように自分で学習にかける時間を調整することです。

6 流れる水のはたらき学習計画表　12時間		
名前		

時数	学習内容	教科書
2	**「流れる場所によって，川と川原の石のようすにはどのようなちがいがあるだろうか」** □ 川の上・中・下流の地形と，川や川原の石のようすのちがいについて，資料を見て話し合う。 □ 川と川原の石のようすのちがいについてまとめる。 　☆川はば　☆石の大きさ・形　☆土地のようす　☆川の流れのはやさ 　　のちがいからまとめてみよう。	70〜76
2	**「流れる場所によって，川や川岸のようすがちがうのはどうしてだろうか」** □ 地面に水を流して，流れる水のはたらきを調べる。　　（実験①） □ 流れる水のはたらきについてまとめる。	77〜78
3	**「流れる水のはたらきは，どのようなときに大きくなるのだろうか」** □ 流れる水のはたらきで土地のようすが大きく変わるのはどんなときかについて話し合って予想する。 □ 流す水の量を変えて，流れる水のはたらきを調べる。　　（実験②） □ 水の量と流れる水のはたらきとの関係について，実験結果を実際の川に当てはめながら考え，流れる水のはたらきをまとめる。	79〜82
2	**「川の水がふえるとどのような災害が起きることがあるのだろうか」** **「川の水による災害から命を守るために私たちには何ができるだろうか」** □ 川の水による災害や，災害に対するそなえについて調べたり，考えたりする。	83〜85
2	○探究 ・川が曲がっているところの，内側と外側，どっちが速い？どっちが深い？ ・こう水が起こらないように何をしているの？ ・ホナちゃんは何してる？ ・どれぐらい流れが強いと人も流される？ ・これまでで，一番被害が大きかったこう水は？　　　などなど	

理科の学習計画表。子どもたちはこれを見て，自分の学習の進度がどれぐらいかを把握して，活動を調整する。

4 「個別最適な学び」を始める前に

　個別最適な学びを始める前に，子どもたちにはその意義を話す必要があります。そうしないと，その目的が見失われ，ただのゆるゆるとした時間になってしまう恐れがあります。私の場合，次のように話しています。

　「みんなは，顔も体も声も違いますね。走るのが速い人遅い人，絵が上手な人苦手な人，算数が得意な人苦手な人，それぞれ違います。みんな違うのだから同じように勉強できないのは当たり前です。ですから，それぞれ自分に合ったやり方で勉強を進めます。例えば，算数でさっさと問題が解けてしまった人が待ったり，分からないのに先に進んでしまったりすることがないように，自分のペースで学習を進めるようにする，ということです。例えば，社会で本を読んだ方が分かりやすい人，動画を見た方が分かりやすい人，誰かと話しながら考えた方が分かりやすい人，先生の話を聞いた方が分かりやすい人，というように自分にやりやすいやり方で学習を進めましょう，ということです。」

　「また，一人では不安がある人は誰かといっしょにやればいいし，困ったときには誰かに助けてもらいましょう。もちろん，先生も助けますよ。」

　「そして，ここが大事なのですが，こうした授業をするのはみんなに力をつけてもらいたいからです。みんなに成長してほしいからです。ですから，自分に力がつくように，成長できるように学習をしてください。最後には，先生の力を借りなくても学習できるようになるといいです。」

　個別最適な学びを取り入れた授業を進めていくと，中にはやってもやらなくてもいい，自分のペースで進めるのだからとのんびりし過ぎる子どもも出てきます。ですから，一度話して終わりではなく，子どもたちの様子を見ながら繰り返し話すことが大事です。これだけではなく，この他にもたくさんの話をしています。詳しくは次の項をご参照ください。

5 「個別最適な学び」何からやればいい？

「個別最適な学び」というと，新しい学び方だと思われる方もいらっしゃると思いますが，実は今までも多く取り組まれてきた学びです。

例えば，算数の適用問題をやるときにはそれぞれで取り組みますよね。国語でパンフレットをつくったり，社会で調べたことをまとめたりするときも，理科の実験や観察のときも同じです。みんなそれぞれの活動を行っています。何と言っても図工は昔からずっと個別最適です（笑）。

要は，子どもに学習活動をゆだねる時間が長いのか短いか，自分で計画しているのかどうかの違いです。ですから，そういったことを少しずつ増やしていければいいわけです。

まずは，一斉授業で起きている，一律の内容を，一律の方法で，一律の時間で学ぶことを見直していくことから始めましょう。

1 一斉授業で起きる学習の空白

たぶん，今も全国の学校で起きていることです。全員黒板の方を向いて，先生の説明，クラスメイトの説明，それを聞く大多数。先生が問いかける，それに誰かが答える，その繰り返し。それが分かりきっている子，何となく分かっている子，何を言っているのかさっぱり分からない子。さまざまです。

分かりきっている子にとってはこの時間はただの空白の時間です。必要のない時間です。何を言っているのか分からない子にとっては，苦痛の時間です。両者ともただ黙って耐えるしかない。

それをなくすことからまず始めましょう。では，どうしたらなくすことができるのか。答えはシンプルです。先生の説明を，クラスメイトの説明の時間を極力短くすることです。そして，それぞれの子ども一人一人の学びの時間を増やしましょう。

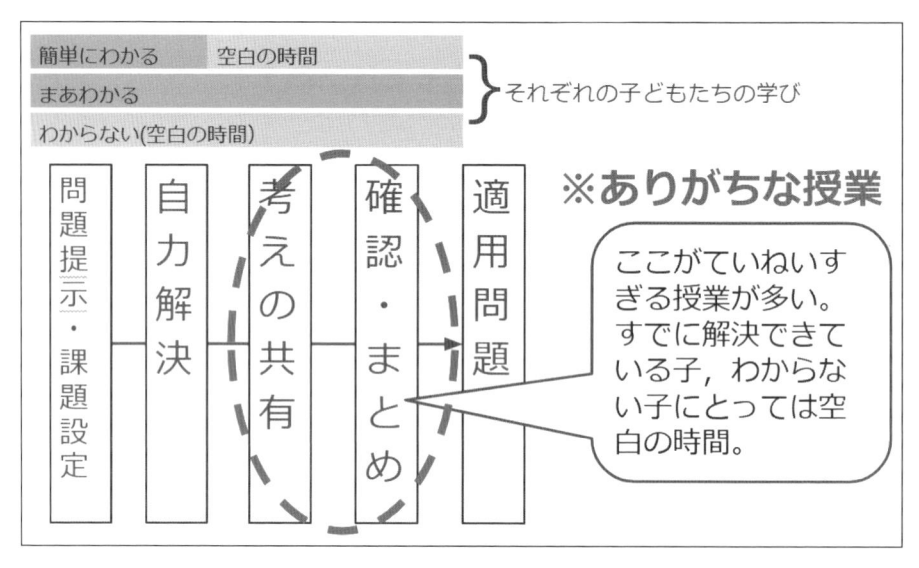

簡単にわかる	空白の時間
まあわかる	
わからない(空白の時間)	

} それぞれの子どもたちの学び

問題提示・課題設定　自力解決　考えの共有　確認・まとめ　適用問題

※ありがちな授業

ここがていねいすぎる授業が多い。すでに解決できている子，わからない子にとっては空白の時間。

算数の一斉授業でよく見られるありがちなパターン

2 活動中心の学習を行う

　子どもの活動が多くなるような授業デザインをしましょう。前述したような活動を増やす，というイメージでいいと思います。

　国語での言語活動，社会での調べてまとめる活動，算数で適用問題を解く時間，理科で実験・観察する時間は以前よりも長くとりましょう。

　そして，概念形成や原理理解の時間，仮説を立てる時間であっても，協働でワークショップのように話し合いメインで学べばそれぞれの考えを生かす機会は多くなり，学習の空白はなくなります。一斉指導の中にグループで話し合う時間やそれぞれ別々に活動する時間を多くとるということです。

構成的なグループで話し合い

3 | 個別学習に慣れる

　次は，子どもたちが個別に学習することに慣れる段階です。一斉指導＋個別学習という授業デザインにします。

　一斉指導では学習内容を簡単におさえたり，活動の目的や手順について説明したりする時間にします。すぐに子どもたちに任せるのは不安だ，と感じる先生にはこのやり方から始めるのが良いでしょう。ただし，この時間をできるだけ短くしないと元の一斉授業と変わりありません。最低でも半分は個別に学習する時間をとりましょう。

　学習の流れは板書したり，何か紙に書いて掲示したり，ＩＣＴ端末に送ったりするなどして可視化するといいです。子どもによっては，聞いただけでは理解が不十分な場合があるからです。（子どもの頃の私がそうです。）

　ここで，学習方法を選ぶことを取り入れましょう。一人でやってもいいよ，友達と相談しながらやってもいいよ，教科書を使ってもいいし，ＩＣＴ端末を使ってもいいよ，と学習方法の選択肢を広げていきます。

　この段階では，子ども自身が自分で選んだ学習方法が適していたかどうかを振り返る（メタ認知）ことが重要になります。これを繰り返すことで自分に合ったやり方を見つけていくことができます。

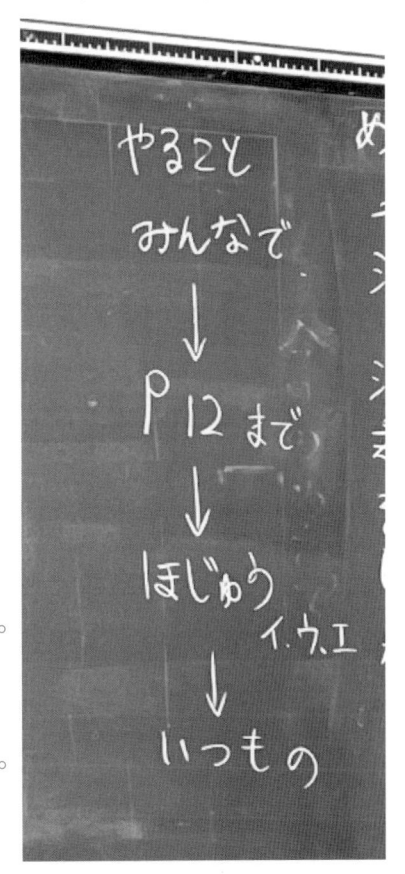

ある日の３年算数の１時間の流れの板書

4 | 個別学習の時間を増やす

　さらに，単元の複数時間を見通して子どもたちが個別に学習する段階です。教科や単元の特性によりますが，2〜4時間ぐらいを続けて子どもたちに委ねられる時間があります。ここをすべて子どもたちに預けてみましょう。

　前項と同じように，学習の流れを可視化しましょう。日付を入れておくとさらに見通しやすくなります。1単位時間のときと同じように学習方法を子どもたちに選ばせます。

　時間が長くなるので，最初はスムーズに進まないかもしれません。途中で困ることもあるかもしれません。でも，そういう試行錯誤こそが子どもたちの力をつけるチャンスなのです。

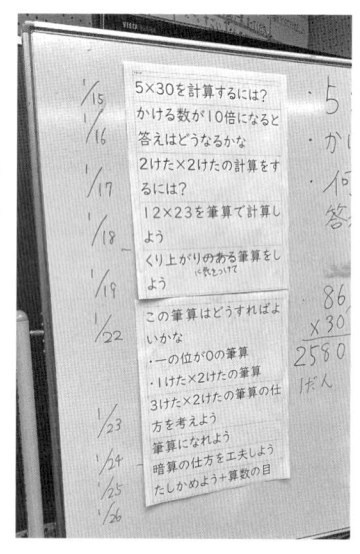

3年算数単元計画。学習内容と日付が明示されている。

5 | 個別学習の時間をさらに増やす

　単元の全体を見通して子どもたちが個別に学習する段階です。単元計画表を使うと効果的な子も出てきます。

　単元の導入は一斉指導が多くなるでしょう。そこで知的好奇心を喚起したり，概念形成したりします。その後単元全体を見通してゴールイメージを共有し，学習活動の流れを説明します。（ガイダンスでもいいかもしれません。）単元の配当時間を示して，自分で時間を調整することを確認します。

　そこからは，個々人が学習に向かいます。もちろん，これまでと同様に学習方法も自分で選びます。

6 | 学習課題を設定・選択する

　単元全体を見通して個別に学習する段階で，課題を設定させたり選択させたりすることもあるでしょう。

　課題はゼロから生まれてきません。何らかの事象提示，問題場面の提示，体験活動等を通して生まれた疑問を精選して学習課題として設定していきます。このあたりは，これまでの一斉学習のときにも取り入れてきた先生方がいるのではないでしょうか。

　子どもたちから出てきた疑問をすべて学習課題とすることはできません。なぜなら単元の目標があるからです。せっかく子どもが出した疑問を取り上げないのか？じゃあどうしたらいいか？一つの方法として学習課題にマッチしない疑問は発展課題として設定するというものがあります。他には自主学習として調べてみる，ということを奨励するのもあります。

　あらかじめ，考えてほしいこと，調べてほしいことなどは教師が提示しておいて，それに子どもたちの疑問等を課題として追加する，というやり方もあります。

「世界の未来と日本の役割」学習計画表　5時間

名前 ＿＿＿＿＿＿＿＿＿＿

時数	学習内容	教科書
1	**「世界のさまざまな課題と解決に向けた取り組みを調べ，学習問題をつくりましょう。」** □　紛争の他に，世界にどのような課題があるのかを明らかにし，これらを解決するための取り組みについて調べるための学習問題をつくる。	100〜101
3	**「国際連合で，日本の人々はどのようなことをしているのでしょうか。」** **「豊かさと環境保全を両立させるために，世界や日本はどのような努力や協力をしているのでしょうか。」** **「日本は，どのような国際協力の活動をしているのでしょうか。」** □　自分が興味のある問題について調べる。 ※キーワード ・世界のさまざまな紛争　・難民の生活　・貧困問題　・環境問題　・国際連合　・ユニセフ　・ユネスコ　・世界文化遺産修復活動　・自衛隊の平和維持活動　・持続可能な社会　・国連気候変動枠組条約　・SDGs　・国際協力　・ODA　・NGO　・青年海外協力隊 ※調べたことは何かにまとめる（ノート，ドキュメント，スライド，キャンバス…） ※毎時間，終わりの5分間に調べたことを共有し合う。	102〜107
1	**「これからの世界と日本の関係について考えましょう。」** □　日本と戦争 □　日本と移民	
	○発展・探究 ・自分が興味をもったこと ・思い浮かんだ疑問 ・世界に貢献している企業は他にもある？ ・身近に世界で活躍している人はいる？ 　　　　などなど	

6年社会単元計画。発展・探究では自分が興味をもったこと，思い浮かんだ疑問を調べてみる学習が設定されている。

7 どんな学習がやりやすい？

　最初は，国語なら言語活動等で成果物を作成する学習，社会なら学習課題について調べて整理してまとめる学習，算数だったら知識技能を身に付ける学習，理科だったら実験や観察をして分かったことをまとめる学習で取り入れるのがやりやすいでしょう。

　前作でも述べましたが，個人差が大きくなりがちな学習で個別最適の考えを取り入れた授業をしていくようにすれば良いのです。

　大事なのは何度も繰り返すことです。繰り返すことで子どもたちが慣れてきて，自分で学習を進められるようになります。

知識の獲得・技能の習熟 （個人差が大きい）	多様な考えに触れる （かかわり合いが必要）
・国語の漢字，言語事項，成果物の作成 ・算数の知識技能の定着 ・社会の調べてまとめる活動 ・理科の実験・観察 ・外国語の単語，定型文 ・技能教科（体育，音楽，図工）	・国語の物語文，説明文，詩の読み取り ・社会の討論 ・算数の概念形成，原理理解 ・理科の予想，仮説検証の方法 ・外国語のコミュニケーション
個別最適な学び中心	（構成的な）協働的な学び中心

個別最適な学び・協働的な学びが適している教科，領域の一覧

8 さらにレベルアップ

　そうしたら，次の段階へ移っていきます。

　次の段階とは，国語だったら教材文の読みを深める学習，社会だったら社会的事象の意義や意味について考える学習，算数だったら概念形成や既習事項を応用する学習，理科だったら仮説を出して検証方法を考える学習，など

など，ざっくり言うと**思考を働かせる学習でも個別学習**をする，ということです。

これをするには問いの質やそこまでの積み重ねが必要ですが，十分可能です。実際にそうしているクラスはいくつもあります。

これを実現するための積み重ねとは，構成的なグループで考えて答えを出す学習の経験のことです。話し合って結論を出すこと，答えを見出す学習を数多くすることです。これに慣れてくると，個別学習でも自然発生的に話し合って，よく考えて答えを見つけようとするようになります。私のクラスでは実際にそういう場面が多く見られました。

6年理科「てこのはたらき」。てこがつりあうきまりについて，自然に集まってきて話し合っている。

一番大事なのは，チャレンジしてみること，最初から100点を目指さないことです。50点でいいので何回も繰り返しやってみましょう。**一斉指導よりはマシ，ぐらいの気持ちでちょうど良い**です。そのうちに教師も子どもも慣れてくると，どんどん個別学習の質が上がって行きます。

---

9 ｜ まとめ

学習の空白をなくす→活動中心の学習→個別学習に慣れる→自分で選択の幅を広げる→自分で課題設定・課題選択をする→思考場面でも

という感じです。でも，はっきりと区切りが見えるようなことはありません。なんとなく次にいけるかなあ？と思いながら進めてみればいいのです。

やってみてうまくいかなかったら，子どもたちと相談してください。「ねえ，次からはどのように学習したい？」って。

6 「個別最適な学び」何年生からできる？

これもよく聞かれることです。

「低学年でもできますか？」と。

はっきり言います。

できます。

1年生でもできます。

もちろん，1年生の場合，1学期は学校の生活に慣れることが大事ですから，そちらを優先します。しかし，2学期中ごろから3学期にかけて，学習のやり方・作法が身に付いてきたら個別学習は可能です。実際に，いくつものクラスで行っています。

じゃあ，**6年生なら簡単にできるか？**ということですが，これは「ノー」です。積み重ねがなければ，おそらく算数の適用問題ですら一人で取り組んで分からなかったら立ち往生してしまうでしょう。

つまり，**発達段階，学年の問題ではなく，経験値の問題**です。ちなみに，過去の私のクラスは，個別学習が身に付くまでに大体1〜2か月かかりました。教科にもよりますが，2，3単元ぐらい経験すると，次からはスムーズになります。

他の学年でも大体同じぐらいです。学年によってそれほど差はありません。下学年だからできない，うまくいかない，ということはあまりないということです。ですから，何年生から始める？は特にありません。やってみようかな？が始め時です。

7 「個別最適な学び」で大切なことは？

これもよく聞かれることです。

シンプルに言うと，「学びに向かう態度」です。

もっと言うと，**一斉指導のときに秩序が保たれないクラスは，個別学習でも同じように秩序が保たれません。**（個別学習の方が周りへの影響が少なくて，他の子の学習を阻害することは少なくなるのですが。）

ですから，こういう部分は学級づくりや担任との信頼関係の問題になるのですが，**個別学習にしたから秩序が保たれないという誤解**が往々にしてあります。そこは違う，と認識してください。そもそも，一斉指導のときに規律を守れない子なのですから，規範意識は低いわけです。もっと言うと，失敗体験ばかり積み重ねてきているために，学習意欲を失っているのです。分からないから，やる気がないのです。だから，暇をもて余し遊んでしまい，他の子の邪魔もしてしまう。そして担任に注意される，ますます信頼関係が悪化する，もっとやる気がなくなる……の悪循環です。

私はよく言うのですが，**子どもは根源的に「勉強ができるようになりたい。」「分かるようになりたい。」という意欲をもっている**のです。それがなぜ失われてしまうのか？それは，教師の責任です。一斉に一律に授業を，学習活動を続けてきた結果，失敗体験を積み重ねて「どうせ，ぼくは（わたしは）できない。」というネガティブなモードになってしまうからです。

それを解消するのが「個別最適な学び」です。そういう子どもにも**適した内容と適した方法と適した時間を提供すれば，解決するはず**です。小さな成功体験を積み重ねていけば，「あ，自分，ひょっとしてできるのかも。」と思えてくるはずです。

それを積み重ねて，「学習に向かう態度」を育成していくことが最も大切なことです。

2 「協働的な学び」を始めよう

1 「協働的な学び」って何？

　前作をお読みいただいた方にはまたまた重複する内容ですが，まずはここから。

　「個別最適な学び」と同じように「協働的な学び」についても，いろいろな著名な方が，いろいろな定義，表現をされています。私が「協働的な学び」を表現するとすれば，**「子どもたちがお互いに支え合い，話し合いながら学習すること」**だと考えています。

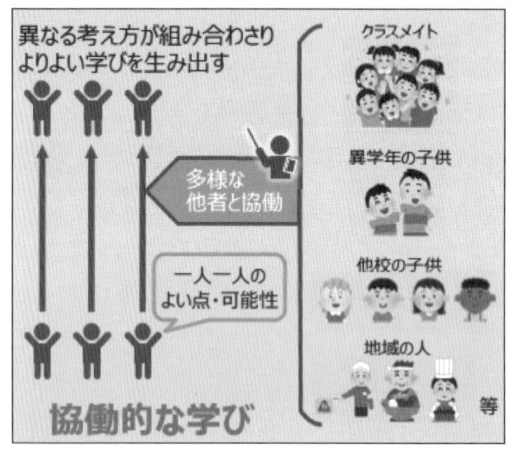

　再び提示しましたが，文科省では，答申の中で「協働的な学び」についてはこのように明示しています。（左図）

　はっきりと**「異なる考え方が組み合わさりより良い学びを生み出す」**と表現されていますね。この考え方が大事なのです。

　みなさんの授業では，子どもたちが話し合う場面はどれぐらいありますか？先生ばかりしゃべって子どもたちはあまりしゃべらない，という授業になっていませんか？

　みなさんも，研修会等で講義・講話があるときに90分間ずっと話を聞いているだけ，というのは大変でしょう。集中し続けるのが難しいのではないですか？しかも，何を学んだのか色濃く残っていますか？

子どもたちも受け身が多くなってしまう授業では集中できないし，学んだことが残りにくいのです。それを改善するのが協働的な学びです。

　協働的な学びには**大きな効果**があります。

　まずは，**よく分かる**ということです。これを読んでいる皆さんも経験があるのではないでしょうか。えらい講師の先生が大勢に話したことよりも，同僚の先生と何人かで話し合いながら解説を聞いた方が分かりやすかった，のような経験です。同じことが子どもたちにも言えます。先生の話よりも友達の説明の方が分かりやすいことがある，ということです。

　次は，**自分の考えが変わったり深まったり広がったりする**，ということです。他の人の考えを聞いて，「そういう視点はなかったな〜。」とか「なるほど，そういう見方もあるのか。」と気付くことは，誰もが一度は経験したことがあるでしょう。自分の考えは，これまでの生活経験や環境によって左右されます。ですから，様々な考えに触れることで自分の考えを変えたり，深めたり，広げたりすることができます。学びの質が上がるのです。

　また，**安心して学習できる**ということが挙げられます。一人で学習を進めていると，「これでいいのかな……。」と不安になることもあります。そんなときに，他の子と交流することで「あ，これでいいんだな。」「あーなるほど，そういうやり方で進めればいいんだな。」ということに気付いていきます。不安を抱えながら学習するよりも意欲の面で効果があります。

　さらには，**承認欲求が満たされる**，ということがあります。低学年では，先生に指名されたくて「はい！はい！はい！はい！」と勢いよく挙手をする風景がよく見られます。これは，自分が発言することで承認欲求を満たそうとする行為です。人は誰でもそうですが，「話したい」のです。自分のことを知ってもらいたいのです。そういう根源的な欲求があります。一人ずつの指名では，その欲求を満たすことはなかなか難しいですね。しかし，「協働的な学び」はそうしたことも一気に解消してくれます。教室のあちこちで子どもたちの「話したい！」「聞いてほしい！」が満たされるからです。

2 「協働的な学び」の目的は何？

この，協働的な学びを行う目的は

協働で問題解決するスキルを身に付けること
協働で問題解決する良さを知ること

だと考えています。
私が考える「協働で問題解決するスキル」とは，次の5つ。

① 相手の話を理解する，理解しようとする
② 自分の考えを伝える
③ 異なる意見が出た場合折り合いをつける
④ より良い結論を出そうと努力する
⑤ 自分の役割に責任を持つ

そして，「協働で問題解決する良さ」とは，
一人では解決できないことでも，誰かと協働することで解決につながるということです。

何度も言いますが，これからの社会は予測不能で，今までにない問題が出現するでしょう。そうした問題に直面したときに，問題を解決する力が必要です。そして多くの場合，それは一人で解決するよりも誰かと協力しながら取り組んだ方がより良い結果を導き出すでしょう。実際，現代社会においてもチームで問題解決することの方が圧倒的に多いです。そのためには，学校教育においても協働で解決する良さを味わい，スキルを身に付ける経験が必要なのです。

3 「協働的な学び」ってどうやるの？

「協働的な学び」には協働するメンバーを決めて少人数のグループで行う**「構成的な協働」**とメンバーを固定しないで流動的にかかわり合う**「非構成的な協働」**があると考えています。

1 構成的「協働的な学び」の例

これは，3〜4人のグループで行うものです。この人数にも意味があります。2人だと相性が悪いとどうしようもないし，5人だと「フリーライダー（ただ乗りする人）」や遊んでしまう子が出てくるからです。4人の方がいいのですが，クラスの人数によっては4人で組めない場合もあるので，そういう場合は3人のグループもつくりましょう。

基本的には次のようなフォーマットで学習します。

① 学習の導入後，問いが出される。または，問いを決める。
② 問いについて，まず一人で考える。
③ グループで共有する。または，集約して結論を出す。
　（グループ間で交流をする場合もある）
④ グループ代表が発表して全体で共有する。
⑤ 出された意見を検討する（質問や反対意見を出す）。
⑥ 自分の考えを見直す。

時間配分は，問いの大きさ（時間がかかるかどうか）とクラスの実態によります。やり始めの時期はこれで1時間とすると良いでしょう。また，問いも教師から提示するのが良いでしょう。

国語の授業（グループで問いを選んでそれについて話し合っています。）

ここで重要なのは，グループの**話し合いの着地点を何にするのか**，ということです。グループで一つの意見に集約するのか，共有してみて自分の考えを修正して終わるのか，それによって話し合いの仕方が変わってきます。

グループで一つの意見に集約するとなると，それぞれの意見を出して検討しなければなりません。そうするとそこで「なぜそう思うの？」「いやいやこっちの方がいいでしょう。」などという議論が行われます。共有して自分の意見を修正する，という着地点であれば意見の検討は自分の内部で行われることになります。

このように，話し合いの着地点を決めることはとても重要なのですが，意外と意識されていないことが多いようです。

また，**意見の集約の仕方，結論の出し方**もここできちんと教えます。学級会などを多く経験してきていても，知らないことが多いようです。

世の中の「話し合い」と呼ばれるものの結論の出し方は大体以下のとおりではないでしょうか。

> AとBという意見があったとすると
> ①　AかBのどちらかを選ぶ。
> ②　大筋ではAだがBも少し入れる。また，その逆。
> ③　AとBを半分ずつ組み合わせる。
> ④　AとB以外のCにする。

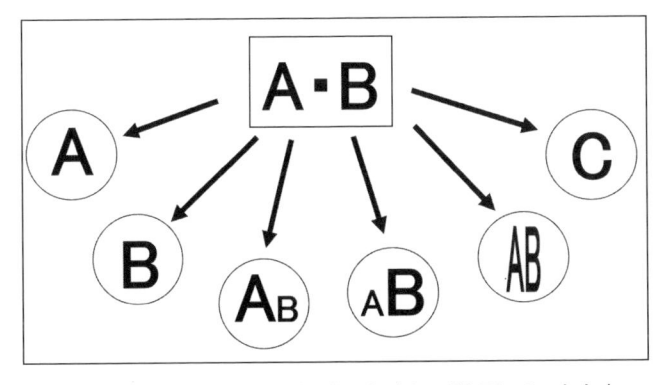

結論の出し方のイメージ（実際に板書して説明しています。）

私は，その年に最初のグループでの話し合いをするときに，これを教えます。これは一つに集約する場合です。Cの意見やDの意見が増えても基本的には同じです。

問いによっては「ランキングにする」といい場合もあります。その場合も大体似たような感じの話し合い方で進めるように伝えています。

話し合いの際は，可視化できるようにホワイトボードを使ったり，一人1台端末があればＧｏｏｇｌｅのジャムボードのようなツールを活用したりします。（これの使い方は別章で）**可視化することで，どのような意見が出ているのか，一つ一つの言葉を意識する**ようになります。きちんと**文に表すことで自分の考えが整理される**ので，何らかの形で文章化することが大事です。

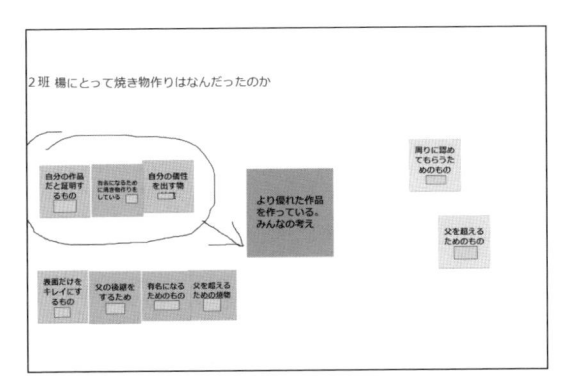

国語の授業で使ったジャムボード（グループの意見を集約しています。塗りつぶしているところは名前が書かれています。）

また，**個々の役割分担を決めて話し合う**，ということを行うことも
あります。例えば4人のグループであれば，①司会，②記録（ジャムボード
の操作など），③タイムキーパー，④発表者，という分担を話し合う前に決
めておくのです。これを毎時間ローテーションで行います。（黒板の左端に
分担を書いておきます。）こうすることで，話し合いを誰が仕切るのか，い
ざ発表になったときに誰が発表するかでもめたりすることがなくなり，時間
を効率的に使えます。

2 非構成的「協働的な学び」の例

　これは，簡単に言うと協働する相手を自分で決めて学習することです。
「ランダムな協働」「流動的な協働」とも言われます
　やったことがない方は，次のように行ってみると良いでしょう。

① 　問いを出す。（算数の場合は問題を出すことでもいいでしょう。）
② 　子どもが自分で答えを出す。（時間を決めておきます。）
③ 　時間になったら（または，答えが出たら）立って歩いて，答えを伝え
　　合う。（交流の時間を決めておきます。）
④ 　時間になったら自分の席に戻る。
⑤ 　全体で意見を共有，または練り上げる。

　これが，おそらく一番シンプルなやり方です。問いの質によって時間を調
整します。よく話し合った方がいい場合は時間を長くする，といったことで
す。1単位時間内に何回か入れると授業にメリハリができます。
　自由進度学習と組み合わせて行うことも多いです。一人でやって
もいいよ，誰かとやってもいいよ，という学習形態にしていくのです。
　具体的には教科の特性や授業デザインの仕方によります。時間を長くとる
と，非常に流動的に子ども同士がかかわり合います。クラス全体の協働，と

でも言うべきでしょうか。「ねえ，ここの問題，どうやって解くの？」「どこまで進んだ？」「あ〜なるほど，こうやって解けばいいんだね。」「ここでの登場人物の考えていることは〜」「そういう

自由に意見交換をしています。自分の考えをじっくり考えている子もいます。

考え方もあるんだね！」といった言葉があちこちで聞かれます。

4 「協働的な学び」を始める前に

　協働的な学びを始めるためには，人間関係を円滑にする必要があります。なぜかというと，ギスギスした人間関係の中で協働的な学びをしても逆効果だからです。ですから，子どもたちの人間関係を円滑にすることは協働的な学びをするうえでは重要なことだと言えます。

　じゃあ，どうすればいいのか？それは授業での取り組み，授業外での取り組み，大枠で括ると「学級づくり」をしっかりやる，ということに尽きます。とはいうものの，あまりに漠然としてどこから始めたらいいのか分からない方が多いでしょう。そのあたりは第3章で詳しく説明します。

　ここでは，大事なところだけをピックアップして説明していきます。

1 構成的協働で気を付けたいこと

　まず一番大事なことは，**相手の意見をよく聞く**ということです。ここで，話の聞き方も教えます。自然に身に付いている子もいるので，活動中に

モデルとして取り上げても良いでしょう。主には，次のことが挙げられます。

◇ うなずく（うんうん，へー，あー）
◇ 合の手を入れる（そうなんだ，なるほど，同じだね）
◇ 質問する（なぜそう思ったの？，もう少しくわしく教えて，他にはある？）

　このような話の聞き方については，教科の時間ではなくすき間時間を使って別枠で指導すると良いでしょう。
　次に大事なのは**相手の意見を否定しない**，ということです。話し合う目的は相手を論破することではありません。違う意見をまとめて折り合いをつけてメンバーがだいたい納得できる結論を出すことです。スムーズな話し合いにするためにも相手の意見を否定して，雰囲気を崩さないことが大事だと教えます。子どもたちは意見の否定を人格の否定と捉えがちです。議論と人を分けて考えることができないのです。ですから，そうした否定から入るのではなく，より良い結論を導き出すためには否定するのではなく，P34にあるようなやり方をするように伝えます。
　メンバー構成も重要です。学力に差がつかないように配慮することもあれば，人間関係を考えて構成することもあるでしょう。特に，**全体的に人間関係に難があるクラスでは非構成的で協働をするのは難しいので，構成的な協働から始めるのが無難**です。

2　非構成的協働で気を付けたいこと

　このやり方には効果もある反面，問題点もあります。その最たるものが**協働する相手が限定されてしまう**，ということです。高学年になると，男子同士，女子同士でしか交流しない，とか，仲のいい子としか交流しないという光景が多く見られます。これは根本的にはクラス内の人間関係が醸成

されていないことが原因なのですが，そう簡単に解決できることでもありません。学級づくりと密接にかかわっていることなので，これについても第3章で詳しく説明します。

　クラスの状態にもよりますが，一時的な効果を期待できるものとして，次のようなことをしてみても良いでしょう。

　◇ **一度交流した子以外の子と交流するように指示する。**
　◇ **必ず男女で交流するように指示する。**

　それから，目的について話すことも有効です。私は，交流が限定的だったときに，大体こんな内容の話をしてきました。（人数はクラスに合わせて変えてください。）

　「このようにいろいろな人の考えを聞く活動をするのには目的があります。それは，他の人の考えを知ることで自分の考えが深まったり，広がったりするからです。そのためにはできるだけ多くの人の考えを聞いた方が良いです。今，みんなの様子を見ていると男子同士，女子同士としか交流していない人もいるようです。このクラスの男子は何人ですか。そうですね，10人ですね。ということは男子同士しか交流しないとすると，多くても9人の考えしか聞けません。女子同士でしか交流しないと13人の考えしか聞けません。でも男女関係なく交流すると，最大で23人の考えを聞くことができます。このやり方はみんなの学びを良くするために行っています。ですから，男女関係なく，また，仲良しの子以外の子とも交流した方がいいのです。」

　こう話した後に，もう一度交流します。そして交流後に「男女で交流した人？」「ふだんあまり話さない人と交流した人？」と尋ねて挙手させます。おそらく，多くの子供の手が挙がるでしょう。そうしたら「いいですね。このように多くの考えを聞くことでみんなの学びはいいものになります。続けてください。」と価値づけします。

　また，**自由進度学習と非構成的協働を組み合わせると，**「机を移

動していいですか？」と聞いてくる子が必ずと言っていいほど現れます。そしてだいたいの場合，**仲良しの子と一緒にやろうとします**。動くソシオメトリックのようなものです。この机を動かして学習することについてはメリットとデメリットがあります。

メリットは，
◇ **分からないときに聞きやすい**
◇ **安心できる**
◇ **話し合いしやすい**
　などが挙げられます。
デメリットは
◇ **関係ない話をして学習に集中できない**
◇ **交流が閉鎖的になりがち（組んだ子としか交流しない）**
◇ **仲良しが固まってしまうのでクラス内の人間関係が表面化する**
　などがあります。

　もちろん，学習する目的がきちんと意識されている場合や，クラス内の人間関係が円滑であればデメリットとして挙げたものは見られないでしょう。しかし，私の経験上多くの場合こうしたデメリットが散見されます。

　じゃあ，こうしたデメリットが出ないように，机を動かさないで必要なときだけ交流すればいいじゃん！と思われる方も多いでしょう。ところが非構成的協働の経験が少ない子どもたちの場合，立って歩くことに抵抗があるのか活発な交流は行われません。

　では，どうしたらいいでしょうか？
　いくつか解決方法があります。例えばデメリットを子どもたちと共有し，ルールづくりをすることです。この場合，単純に教師からの一方的な提示に

してしまうと，子どもたちにはやらされ感が強くなってルールを守ろうとする意欲が下がってしまいます。大事なのは，学習をして自分の力を高めることが目的であるということを見失わせず，子どもたちの意見も聞きながらつくることです。私が見た事例としては，毎回メンバーを変えるとか，必ず男女とか，関係ない話をしたら机は元に戻すとか，というものがありました。いずれの場合もうまく機能していました。

　協働的な学びをする意義についても話しておくと良いでしょう。私の場合，だいたいこんな話をしていました。

　「みんなは，なぜこういう話し合いを中心にした学習をするのか分かりますか？そもそも勉強は一人でもできます。ですから，家でもできます。だって一人でできるんですから。じゃあ，どうして学校でみんなで学ぶのでしょう？それは，いろいろな人の考えを聞いて，考えを深めたり広げたりして自分の学びを良いものにしていくためです。話し合って結論を出す経験をするためです。これは誰かといっしょじゃないとできませんね。学校でみんなでいっしょに勉強する意味はそこにあります。ただ先生の話を聞いているだけでは，みんなの力はついていきません。そして，大人になって社会に出て仕事をするとき，一人だけでやることはほぼありません。誰かといっしょに協力したり，話し合ったりして仕事をすることの方がずっとずっと多いです。ですから，協働で物事を進める力を身に付けるために，こういう勉強の仕方をしているのです。」

　大人でも子どもでも「なぜやるの？」ということをきちんと説明することが大事です。でないと，その意義が意識されないままなんとなく時間を過ごしてしまうからです。もちろん話の内容は，クラスの実態によって変えていってください。

5 「協働的な学び」何からやればいい？

1 一斉授業の中に部分的に

　まずは，一斉授業の中に部分的に取り入れることから始めると良いでしょう。P36にあるように，出された問題の答えを書いて，非構成的に自由に交流して，その後に全体で共有する，というものが取り入れやすいです。立って歩かせることに抵抗があるのであれば，席が近くの子と交流するようにしても良いでしょう。または，最初から交流するメンバーを決めておいてもいいでしょう。これは，どの教科でもできます。国語の読み取りでも，算数の計算でも，社会の調べる学習でも，理科の実験の予想でも，英語のスモールトークでも……。

2 1単位時間で協働的な学びを

　次は，1単位時間で構成的な協働で学習することを始めてみましょう。P33にあるようなフォーマットで行います。

小数のかけ算のやり方（原理）についての話し合い

　これまでも，成果物を作成する計画立てるところ，発表の準備をするところなどでは行われてきたと思われます。

　こうした場面以外にも，ある程度グループで時間をかけて話し合う必要があるような学習で取り入れます。国語だと物語の主題や説明文での筆者の主張について話し合うところで，算数

では概念形成や原理理解のところで，社会では問題点を解決するための対策を考えるところで，理科では仮説を立てたり，検証方法を考えたりするところなど，思考を要する場面で行うのです。むしろ，こうした学習内容の方が協働的な学びの効果が際立ちます。

これを繰り返すことで子どもたちの話し合いのスキルも上がり，個別最適な学びと組み合わされたときに，ここで培われたスキルで子どもたちの思考力が上がっていきます。

ここから先は**1単位時間から複数の時間に**増やしていきます。

---

3 │ 個別最適な学びと組み合わせる

もともと，個別最適な学びと協働的な学びはセットです。個別最適な学びだけをやろうとしても，一人だけで学習を進めるのは無理があるし，誰かと

隣のグループとは違う実験をしている様子

いっしょにやった方が効果も上がります。

算数の自由進度学習の場合は非構成的協働と組み合わせるのがいいです。理科の場合は，グループ内は構成的協働で，グループ間は自由進度，というやり方もあります。

---

4 │ まとめ

一斉授業の中で部分的に→1単位時間で協働的な学びを→1単位時間から複数の時間に→個別最適な学びと組み合わせる
という感じです。大事なのは，何度も繰り返して実践することです。繰り返すことで，子どもたちのスキルが上がっていきます。

6 「協働的な学び」何年生からできる？

これも個別最適な学びのときと同様によく聞かれることです。
「低学年でもできますか？」と。
はっきり言います。

もちろんできます。

個別最適な学びと同じように１年生でもできます。実際に私が今携わっている学校の１年生は，実にいい協働ができます。相手の話をちゃんと聞いて，否定することなく自分の意見も伝えられて，円満に結論にたどり着きます。

じゃあ，**６年生なら簡単にできるか？** ということですが，これは「ノー」です。

積み重ねがなければ，話し合いがうまく進められず，時間内にまとまらないまま終わってしまうことが多々あります。

つまり，**発達段階，学年の問題ではなく，経験値の問題**です。ちなみに，過去の私のクラスは，構成的協働の進め方が身に付くまでに大体１〜２か月かかりました。

非構成的な協働については，子どもたちの人間関係の成熟度によります。これについては，授業以外のところでも何らかの手をうっていって，やはりだいたい１〜２か月かかります。

一つ誤解があるのは，低学年はペア学習の方がいい，という思い込みです。ペア学習は話が深まったり広がったりしにくい面があるし，組み合わせによってはまるで効果がない場合があります。しかも発達段階的に語彙も少ないし，話し合いのスキルも未熟です。ですから，低学年であっても３〜４人のグループで話し合いをした方が良いと私は考えています。

7 「協働的な学び」で大切なことは？

シンプルに言うと，「他者尊重の精神」です。

前述しましたが，話し合いのときに相手を否定しないことも含まれます。自分本位ではなく，他の人の考えも尊重すること，協力してお互いに高めていこうとする態度です。

そしてこれは，**授業だけでなく日頃の生活の中で培われるもの**です。

ですから，何度も繰り返していますが，子どもたちの人間関係を円滑にすることが最も大切なのです。教科の授業で協働的な学びを繰り返しているだけでは，人間関係は円滑になりません。もちろん，まったく効果がないわけではありません。「（日頃あまりかかわっていない）〇〇〇さんに教えてもらってできるようになった。」という新しいつながりができる可能性もあります。しかし，そのためには日頃あまりかかわっていない〇〇〇さんに聞いてみよう，というきっかけ，一歩目がないとできないことです。じゃあどうしたらいいか？

それは，やはり日頃の学級づくり，特別活動や道徳での学び，先生の働きかけの積み重ねです。これについては第3章で詳しく説明します。

3 | ICTを使おう

1 何に使ったらいいの？

ＩＣＴ端末が導入されるようになって，全国の学校で活用した事例がたくさん見られます。探究学習で使いました，ＳＴＥＡＭで使いました，生成ＡＩを使った授業をしました……etc。

しかし，まだ活用が限定的で，授業で「はい，出して―。」「はい，しまってー。」と先生が指示して使っているという話もよく聞きます。

非常にもったいないです。導入期ならまだしも，今はもっと活用する時期です。どんどん使っていきましょう。

すでに実践されている方はご存知だと思いますが，個別最適な学びと協働的な学びとＩＣＴ端末を組み合わせると，より効果的な学習ができます。

ただ，一つ私が違和感を持つのは「ＩＣＴ端末が導入されて個別最適な学びができるようになった。」という言い方です。これは誤解だと私は思っています。というのも，ＩＣＴ端末が一人1台導入される前から個別最適な学びと協働的な学びを実践していた方はたくさんいるからです。（私もその一人です。）ＩＣＴ端末は，個別最適な学びと協働的な学びを効果的にするだけであって，なくてはならないものではありません。

ですから，ＩＣＴ端末ありきではなく，**個別最適な学びと協働的な学びをベースにした授業デザインをして，その効果を上げるためにＩＣＴ端末をどう使ったらいい**のか，という考え方をするのがいいでしょう。シンプルに言うと，「○○○というアプリを使うためにどんな授業をしたらいいのか。」ではない，ということです。

ＩＣＴ端末でできることはたくさんあります。

・文書作成	・動画の編集
・ネット検索（辞書の代わりにも）	・アニメーション作成
・電卓の代わり	・プログラミング
・ストップウォッチ	・オンラインミーティング
・表計算	・音声入力
・お絵描き	・音楽編集
・画像のダウンロード	・データの共有
・写真撮影，動画撮影	・共同編集
・動画の視聴	・共有ドライブ活用
・グラフ作成	・ネット上のコミュニケーション
・プレゼンテーションのスライド作成	・（生成ＡＩを使って問題解決する）

　思いつくままに，並列的でない挙げ方をしましたが，他にももっとありそうです。

　大きく分けると，
①検索ツール
②思考ツール
③表現ツール
④コミュニケーションツール
になります。

　とても便利な「道具」なのです。**子どもたちの学びの可能性を大きく広げてくれる「文房具」**なのです。使わない手はありません。

　ちなみに，私が担任したクラス（6年生）の子どもたちのほとんどが，上記のような使い方をマスターしています。6年生だから使えたのではありません。世の中には使えていない6年生も多いです。彼らがＩＣＴ端末を使え

るようになった理由はシンプルです。**使う場面を限定せずに自由に使わせ，みんなで教え合ったから**です。

　私のクラスでは，ＩＣＴ端末は常に机の上や中にあります。**使うタイミングは自分で判断します**。ノートを書く代わりにＧｏｏｇｌｅのドキュメントを使う子もいます。国語の時間は辞書の代わりにネット検索する子もいれば，やはり辞書を使う子もいます。社会科でも同じように，ネットで動画を見てメモを取る子もいれば，サイトを検索している子，今までと同じように教科書や資料集を見る子，それぞれ自分の判断で使っています。

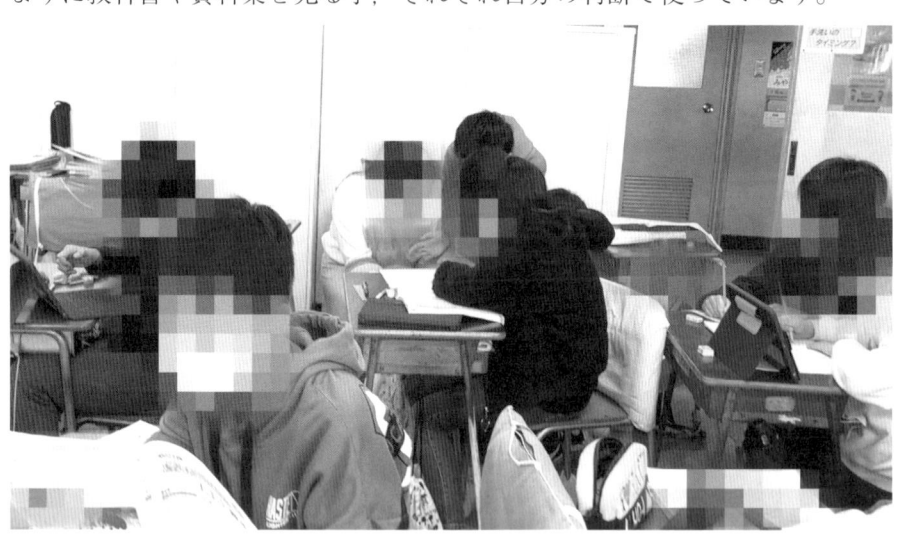

ＩＣＴ端末を使う子も使わない子もいます。

2 何からやればいいの？

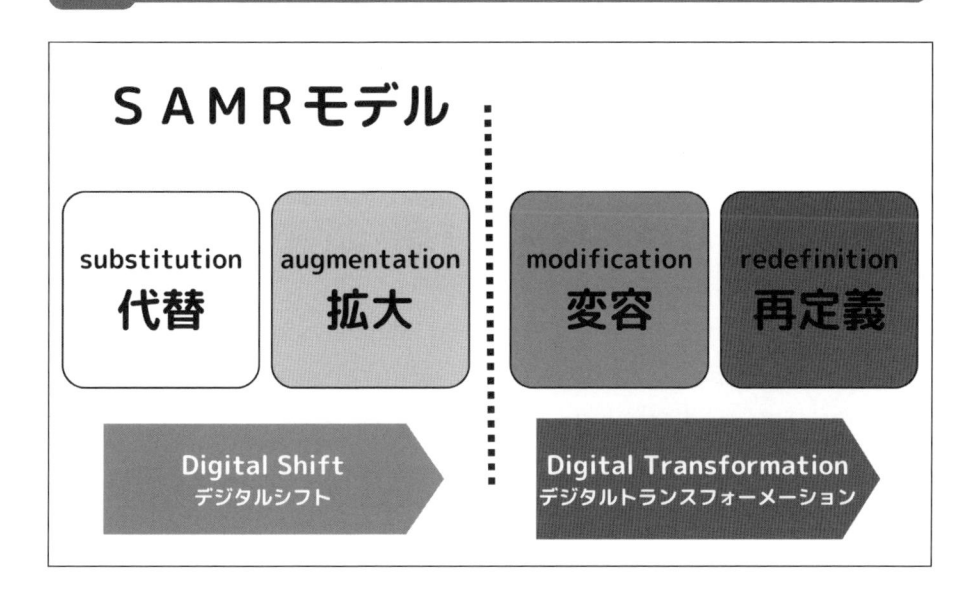

　ＩＣＴ端末を使った授業をする上で，押さえておきたいのが「ＳＡＭＲ（セイマー）モデル」です。ＳＡＭＲモデルとは，ＩＣＴが授業や学習者への影響度を測る尺度として Ruben R. Puentedura 氏が2010年に提示したものです。

　Substitution（代替）は，アナログだったものをデジタルに変換する活用で，例えば紙で渡していたものが PDF で端末に送られるとか，板書の代わりに電子黒板に資料を提示することがそれに当たります。

　Augmentation（拡大）は，文字や絵だけだった情報が写真や動画などに増えることで，インプットでもアウトプットでも情報量が激増する段階です。ここでの日常的活用が重要になります。

　Modification（変容）は，創作活動などで複数のメンバーで同時に編集をするなど，子ども同士の共同場面が増えるような学習を行うことでしょう。

Redefinition（再定義）は，今までの教育そのものとは全く違う仕組みややり方を創出すること，と書かれる方が多いです。具体的には他校とのオンライン授業や成果物の共有，ゲストティーチャーとオンラインで話す，などが挙げられるでしょう。

　このように，まずは紙媒体等のアナログをデジタルに変えることから始めると良いでしょう。ＩＣＴ端末を使うことが苦手だと感じている方はなおさらです。苦手な方は子どもたちといっしょに使い方に慣れるつもりで実践してみるといいですね。
　ＩＣＴ端末が教科書の代わりになったり，文房具の代わりになったりする時代がいずれ訪れます。教科書や文房具の使い方が分からなかったら指導できなくなります。苦手だとどうしても敬遠しがちになってしまいますが，あきらめずに使い方を覚えましょう。

　使い方を覚えるのに一番いいのは校務で使うことです。学級だよりをつくる，名簿をつくる，ワークシートをつくる……。今はこうしたものをＩＣＴ端末で簡単に作ることができます。しかも，短時間で。使わない手はありません。使い方が分からなかったら，得意な人に聞きましょう。教員も協働的な学びをしましょう。
　子どもたちの場合も同様で，まずは紙をデジタルに変えることから始めると良いです。作文をワープロソフトで書く，発表するときに模造紙ではなくプレゼンテーションソフトを使う……。そこから，写真や動画を使うこと，クラウドを使うこと，オンラインで交流……。というようにＳＡＭＲモデルに倣って進めていくと良いでしょう。
　それから，特別活動で使うと子どもたちの創意工夫が発揮されやすいです。クラスイベントの企画運営や委員会活動でのポスター作成，活動を動画で紹介……etc。使い方は子どもたち自身が考えます。そうした習慣が授業に生かされます。

3　個別最適な学びと協働的な学びで使おう

1　個別最適な学びとＩＣＴ端末

　例えば，算数の自由進度学習。分からないときにクラスの子から教えてもらうのも一つの手です。しかし，ICT 端末を使って Youtube の解説動画を見ることもできます。それから，学習内容がほぼ終わったら自分でサイトを検索して補充問題を

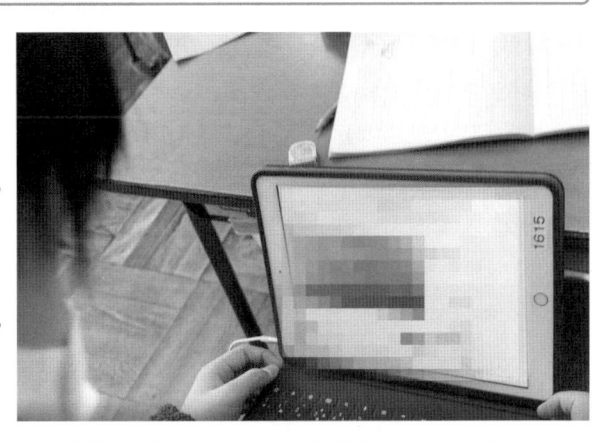

算数の時間に Youtube の解説動画を見ています。

して習熟することもできます。AI ドリルがあれば，それを選んで補充することもできます。つまり，**学習方法・内容の選択の幅が広がる**のです。より自分に合ったものを選べるようになります。

　また，次のような使い方もできます。理科の授業で実験をするとき，これまでは，実験の様子をイラストや文章で記録していました。しかし，ICT 端末があれば，写真や動画で記録することができます。つまり，**学習の質も変わってくる**のです。この方が分かりやすい子もいるはずです。このように，ＩＣＴ端末は「個別最適な学び」を効果的にします。

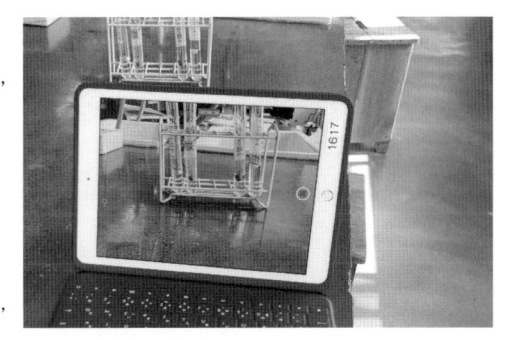

水溶液が金属を溶かす実験で，金属の変化を動画撮影しています。

2 | 協働的な学びとICT端末

「協働的な学び」において，ICT端末はより違うやり方で子ども同士をつないでくれます。

まず，クラウドを使うことで**クラス全員の意見を簡単に知ることが可能**になります。例えば，国語で問いに対する自分の考えを Google のスプレッドシートに書いていくと，席を立たなくても誰がどんな考えをもっているのか知ることができます。

また，グループで話し合う時には Google のジャムボードを使うと，グループ内はもちろん，他のグループでどんな意見が出ているのかを簡単に手元の画面で見られるようになります。

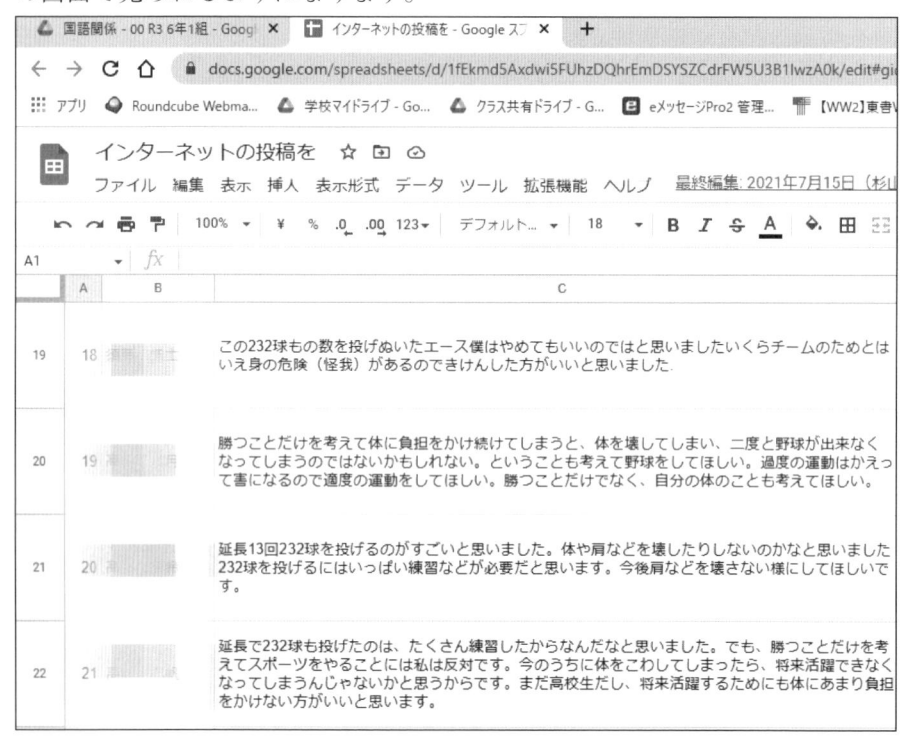

国語の授業で使ったスプレッドシート（モザイクのところは名前が書かれています。）

そして，クラウドの利点はなんといっても**同時編集が可能になる**ことです。子どもたちがそれぞれ書き込んだことをそれぞれの端末で共有でき，リアルタイムで全員の書き込みが見られます。先ほど挙げたスプレッ

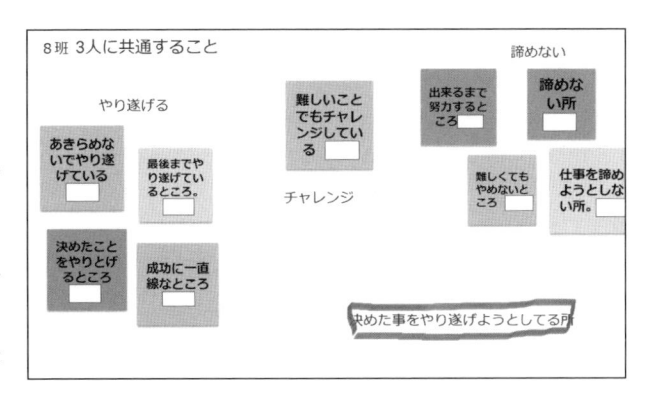

ジャムボードでグループの話し合いを整理しています

ドシートやジャムボードは，そのまま同時編集ができます。あーだね，こーだねと話し合いながら，同時に書き込むことができるのです。（授業での具体的な活用方法については，第2章で紹介します。）

クラウドの利点はまだあります。それは，**家でも見られるし，そのまま作業もできる**，ということです。**Googleのclassroomを使えば，連絡を取り合うことも可能**です。学級閉鎖になっても，オンラインで授業を行うこともできます。

スプレッドシートに意見を書き込んでいます

このように，ＩＣＴ端末はこれまでできなかった「協働的な学び」を実現してくれるのです。

4 アウトプットをしよう

検索や動画視聴など，子ども
たちは日頃の生活でもイン
プットの方が多いです。授業
でもインプットは必要です。
しかし，**学習内容をより
定着させ，創造性を養
うにはアウトプットを
することが重要**です。で
すから，授業ではアウトプッ
トするためのインプット，と
位置付けると良いです。

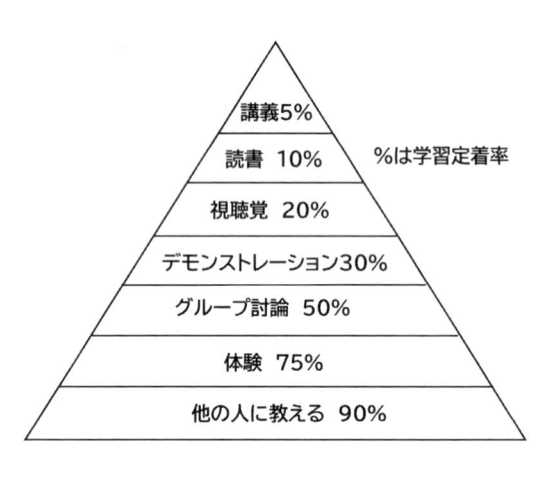

ラーニングピラミッド

ラーニングピラミッド

をご存知でしょうか。アメリカ国立訓練研究所という機関が発表した研究結
果です。これは，講義→読書→視聴覚→デモンストレーション→グループ討
論→体験→他の人に教える，の順番に学習の定着率が上がる，というもので
す。近年，学術的に根拠が不十分，という指摘もあるようですが，「グルー
プ討論」「体験」「他の人に教える」などの**能動的な学習方法が高い効
果をもつ**ことは，直感的にも経験的にも理解できるのではないでしょうか。

また，ブルームによって提案された「ブルームタキソノミー」の改訂版タ
キソノミー（アンダーソン等）に，アンドリューがデジタルを活用した動詞
群を提案した**「デジタルタキソノミー」**というものがあります。（図は，
田中康平氏が日本語訳して作図したもの）これは，動画配信によるオンライ
ン学習や，一人1台のコンピュータを活用した学習活動を設計（デザイン）
する場合，子どもたちの学習活動の様子を観察するときに，指標として使え
るものです。ここでも，**「創造すること」**が上位に位置づけられていま

Bloom's Digital Taxonomy　2007　Andrew Churches

主な例

認知次元	① Remembering 記憶する	② Understanding 理解する	③ Applying 応用する	④ Analyzing 分析する	⑤ Evaluating 評価する	⑥ Creating 創造する
Verbs 動詞	Searching or "googling"	Categorising and Tagging	Uploading and Sharing	Reverse- engineering	Blog/vlog commenting and reflecting	Programming
内容	キーワードや フレーズを入力し 検索する	フォルダにファイ ルを分類する。 メタタグでWebペ ージを整理する	Webサイトへ資料 をアップロードし 共有する。	ソフトウェアや ハードウェアを 分解し、ソースコ ードや製品構造等 を調べる。	ブログやビデオブ ログにコメント し、返信する。 建設的な批判や 文脈に沿って返答 する。	独自のゲームや マルチメディアア プリケーションを 開発する。

『Bloom' s Digital Taxonomy（2007 Andrew Churches）』を元に，株式会社 NEL & M（ネル・アンド・エム）　代表取締役　田中康平氏が日本語訳して作図したもの

す。つまり，インプットしたことをアウトプットする**出力型の学習活動によって質の高い学びをすることができる**ということが分かります。

　以上のことから，授業ではアウトプットの学習活動をいれた単元計画を立てていけると良いでしょう。

1 | どんなアウトプットの活動があるの？

　ＩＣＴ端末を使ってのアウトプットの活動に限定して説明します。例えば，シンプルなものとしては単元を通して分かったことを動画にまとめる，という活動があります。

　実際に私のクラスで行った，6年理科「てこのはたらき」の学習でまとめ動画をつくる事例を紹介します。（前作にも載せたものです。）

　手順は次のとおりです。（iPad での事例です。他の端末であればスライドを作るアプリと動画編集をするアプリを使ってください。）

① てこの学習を最後まで行う。
② ＩＣＴ端末を使ってＫｅｙｎｏｔｅで学習内容をまとめたスライドをつくつくる。自分でしゃべって解説を入れる。
③ 動画にしてエクスポートして，ｉｍｏｖｉｅで編集してＢＧＭを付ける。
④ 完成した作品はお互いに見せ合い，コメントをする。

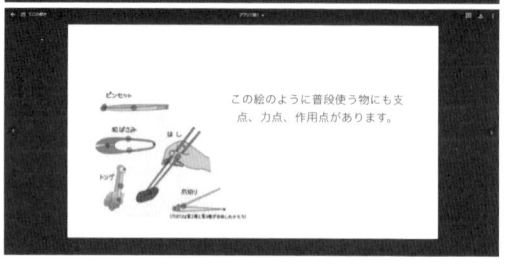

これをやってみると分かりますが，**けっこう効果があります。**

まずは，**内容を理解できていないと構成できない**，ということです。てこの仕組み，てこがつりあう決まり，てこを利用した道具，の３つは最低必要です。それから，見せ方です。教科書の写真を貼り付ける子，ネットで見つけた図を使う子，さまざまですが**より分かりやすいものを吟味する必要**があります。そして，説明です。**何と言ったら分かりやすいのか**，どういう言葉，どういう文にするか，ここもよく学習内容を分かっていないとできません。しかも，**楽しい。**（これが一番かもしれません。）中にはあたかも Youtuber のよう

に，「は〜い！今日は，みなさんにてこの仕組みを教えちゃいま〜す！」と始めた子もいて好評を博していました。

　動画をつくる際にも様々な工夫があり，実際にくぎ抜きを使う様子を撮影したり，つりあう実験を撮影したりしていました。

　他には，アプリのチュートリアル動画（取り扱い説明）をつくって，みんなが使えるようにする，算数の問題の解き方動画をつくる（第2章で詳しく説明します。）などいろいろあります。

　英語の学習でも動画作成は効果があります。

　小学校の英語の教科書では，例文にならって自分のことを紹介する文を書いて，それをカードにする，という活動が毎単元あります。イラストを描いて，そこに英文を書いて，というものです。

　例えば国の紹介をするという単元で，英文は

Let's go to Canada.　　　　　　　You can eat maple syrup.
You can see the Niagara Falls.　　Canada is a nice country.

　ぐらいのものです。

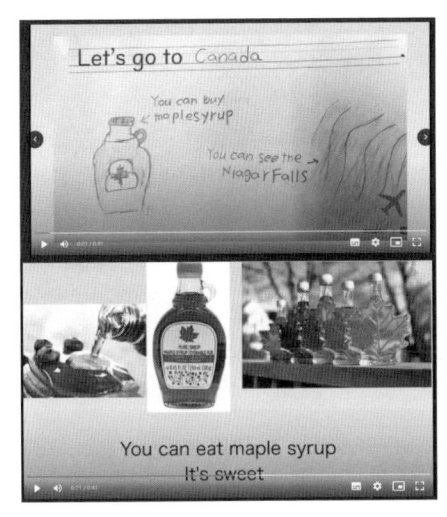

カナダを紹介した子どもの作品。（1枚目は教科書にあるイラストを描くカード）

これを手書きで行うのも効果はあるでしょう。でも，せっかくＩＣＴ端末があるのですから使わない手はありません。そこで，これをスライドにして，英文と写真，そして自分でしゃべった音声を入れて動画にする，という活動にします。

　この活動でも，その国のことをよく理解していないと作成できません。アウトプットがインプットを促す典型的な事例です。

2 便利ツール

　前作「個別最適な学び×協働的な学び×ＩＣＴ　入門」での実践では使っていなかったツールです。端末が変わると使えるアプリも変わってきます。詳しい使い方はネットで検索しても見ることができるので，ここではそのツールを使って何ができるのかを紹介します。

Canva（キャンバ）

　ご存じの方も多いでしょう。（https://www.canva.com/）これはブラウザで使えるので，アプリを学校独自でインストールをするのが難しい場合にピッタリです。

　CanvaのHP（私のアカウントのページです）

　これはとても優秀なグラフィックデザインツールです。いろいろなものに使えます。文書作成，プレゼンテーション，動画編集，チラシ・ポスター作

り，ホワイトボード，ワークシート作成，etc……。学校でつくるもののほとんどをこれ一つでカバーできます。61万点ものテンプレートと，1億点の素材（写真，動画，イラスト，音楽）があり，ドラッグ＆ドロップの簡単操作で誰でも簡単にあらゆるデザインを作成できます。

　そして，何と言ってもありがたいのが「無料」だというところです。しかも！学校関係者は上のグレードの「CanvaPro」と同等のスペックの「Canva for Education」を無料で使うことができるのです！これはとても助かります。ライセンスの取得は簡単です。ウィザードに従って必要事項を入力し教員免許等の写真を添付して申請するだけです。

　しかも教師としてライセンスを取得すればクラスの子どもを招待することで，子どもたちも同じスペックの Canva を使うことができます。共同編集もできるので，今まで Google のツールを使っていた方はこちらも使ってみることをお勧めします。

　さて，この Canva で何ができるか？前述したように学校で行うだいたいのことができます。もちろん学習にも使えますし，先生方の校務にも使えます。今年は携わっている学校の先生方に紹介し，たくさん使ってもらいました。

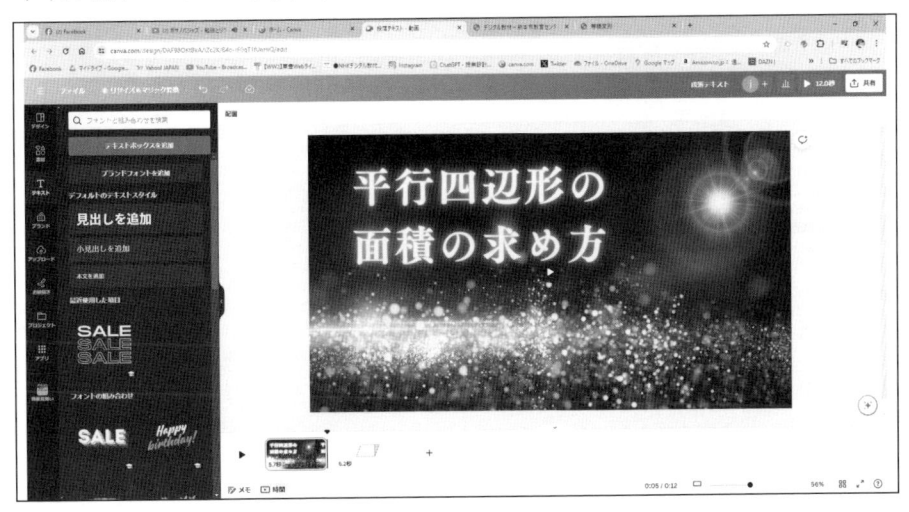

Canva の編集ページ（動画編集をしています）

一番多かったのは，ポスター・チラシ系です。係活動の表示，委員会活動のお知らせ，など特別活動で使われていました。授業で多かったのは動画編集です。算数の問題の解き方を説明する動画をつくったことが多かったようです。（テンプレートが豊富過ぎて目移りしたり，編集に凝り過ぎたりして時間がかかった，という弊害はありましたが……。）

Kahoot！（カフート）

　これもご存じの方が多いでしょう。（https://create.kahoot.it/）これもブラウザで使えるので，Canva と同じようにアプリを学校独自でインストールをするのが難しい場合にピッタリです。

Kahoot！のクイズ作成ページ（私のアカウントのページです）

　簡単に言うと，Kahoot！はクイズ大会を開けるアプリケーションです。出題者がクイズを作ると，参加コードが発行され，参加者はそれを入力することでクイズに参加できます。クイズは基本的に4択問題で，早く答えるほどポイントが多く入ります。結果発表のときには，優秀者ベスト3が発表されたりして，テレビのクイズ番組のように盛り上がります。

これも無料で使うことができ，Google などのアカウントがあれば，それを使ってアカウントを登録できます。

　そして，これは先生が出題できるだけでなく，子どもたちもクイズをつくって出題することができます。学習したことをもとにクイズづくりをしてみんなでクイズ大会をすれば，楽しみながら学習内容を定着させることができます。歴史クイズとか漢字の読み方クイズとかいくらでもバリエーションがあります。子どもたちの創意工夫が生かされやすいところもいいですね。

5 共有ドライブを使おう

クラスで共有

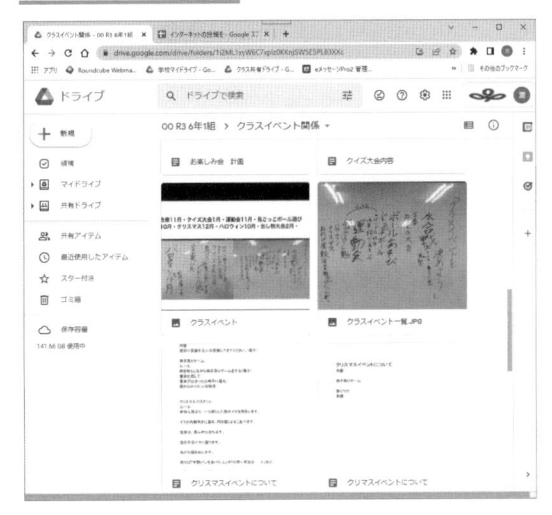

私のクラスの共有ドライブ（クラスイベントのフォルダです。）

　Google でも Microsoft でも，クラウドにアクセスできるドライブを設定しています。そこにクラスで共有できるドライブをつくって子どもたちにアクセス権を付与しておきます。これが何かと便利で，学習をはじめ学校生活のいろいろな場面で活用することができます。

　学習で使う場合は，教科ごとにフォルダをつくって，そこに授業で使う資料等を入れておきます。子どもたちは必要に応じてフォルダにアクセスして，参照したりダウンロードしたりします。国語や算数のワークシート，社会や理科で使う写真資料など，入れておくだけでいいのです。先生の負担も減ります。

「だったら，先生から送って提出させる形でもいいのでは……？」という意見もあります。例えば Googleclassroom では，先生から課題を出して子どもたちがそれを提出する，というものです。

　しかし，このやり方だと子どもがいつでもアクセスできるわけではありません。あくまでも主体が先生になってしまいます。また，授業で使ってから何日かしてもう一度使いたいときに探すのが面倒です。ですから，子どもたちが主体の学びを進めるのであれば，ドライブの活用も子ども主体にした方が良いです。

✏ 先生と自分だけで共有

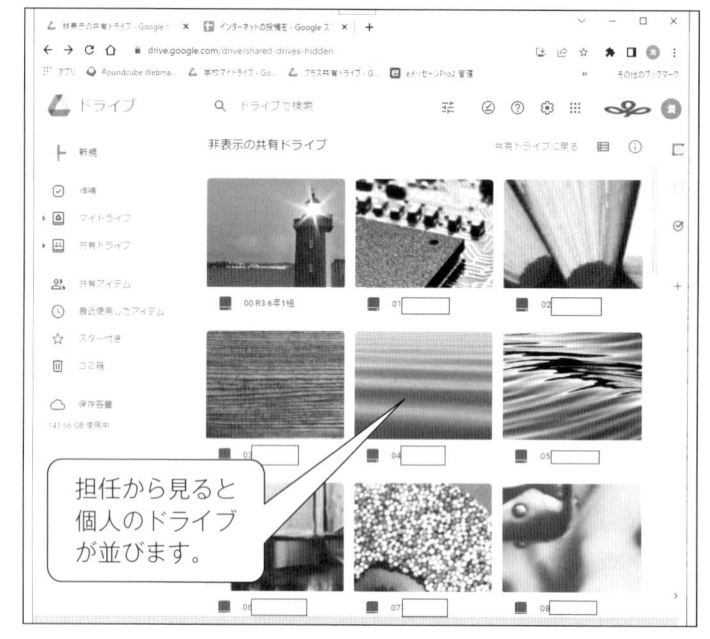

個人共有ドライブ一覧（□のところに名前が書いてあります。）

　私は「個人共有ドライブ」と呼んでいました。これは，担任と本人しか見られないドライブです。全員分つくります。ここには，個人が授業でつくったデータを入れます。

　例えば，ノート代わりにしているワープロデータや，学習のまとめスライドのデータなどです。製作途中でも，他の子に見られる心配がなく安心できます。

　これがとても重宝します。職員室からも見られるので，そのまま評価コメ

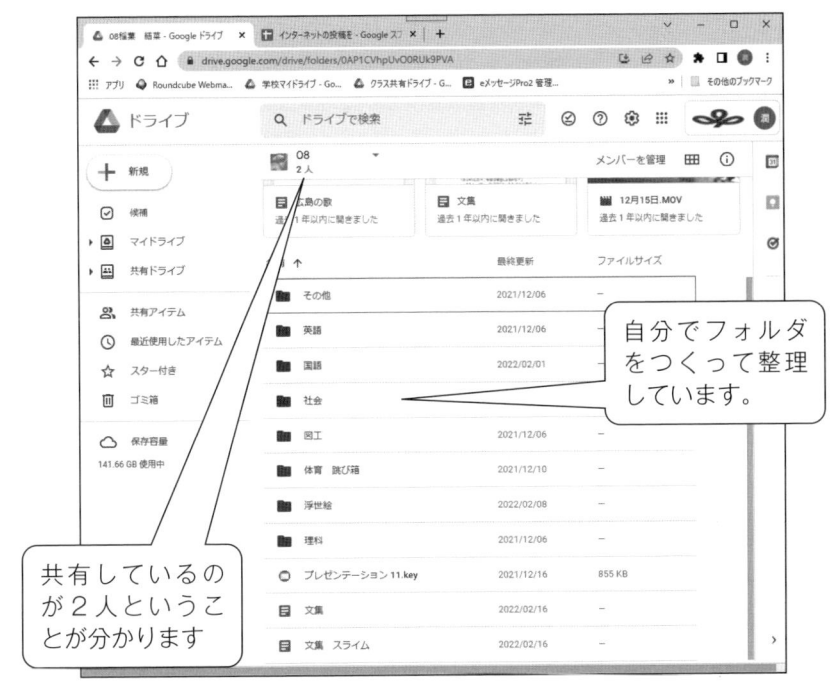

ントを入れることもできます。そして何よりも，**個人のポートフォリオにもなっている**ことがいいです。

　これもクラスの共有ドライブと同じで，子どもが主体となって活用することができます。自分のカバンの中，引き出しの中と同じように，自分で整理して使いやすいようにカスタマイズできます。

　クラスの共有ドライブ，先生と個人の共有ドライブ，他にも自分だけのマイドライブと使い分けに慣れていくと，ドライブからのデータの出し入れやアカウントの権限についても理解できるようになってきます。結果，**クラウドの構造の理解にもつながっていく**のです。

情報モラルを育てよう

これに関しては様々な見解もあり，紙面も限られているので，必要だと思われる項目を簡単に紹介します。

✎ SNSでのマナー・エチケット

社会的な問題になっているSNS等のソーシャルメディアでのトラブル。その多くは相手に対する配慮を欠いていたり，自分の優位性をアピールしたいがために相手を貶めたりして起きていることです。ネット上ではあたかも自分が評論家になったかのようなコメントが散見されます。そもそもリアルだろうがネットだろうが相手をリスペクトすることが基本です。その基本的なことができていない人たちはトラブルを起こしやすい，と言えるでしょう。

小中学生の場合は，文字情報によるコミュニケーションに慣れていないことが原因でトラブルになることもあります。また，自分と他人との考え方の違いを認識できずにコメントをして，意図に反して相手が嫌な思いをすることもあります。

授業ではLINEで出している「SNSノート」を活用しました。

いくつかの質問を使い，最も重視したのは「あなたがクラスの友達から言われて嫌だなと感じる言葉を一つ選んでみましょう。」という質問です。

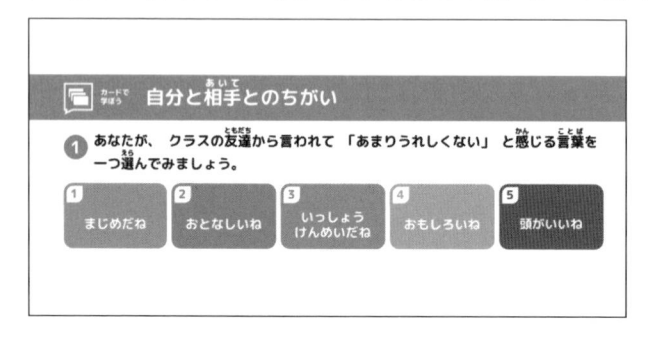

授業で使ったスライドの一部

①まじめだね，②おとなしいね，③いっしょうけんめいだね，④個性的だね，⑤マイペースだね，の５つから選びます。そうすると，当然意見が分かれます。「個性的だね，って言われるとなんか変わってる，って言われてるみたい。」「えー，おれ，全然気にならな

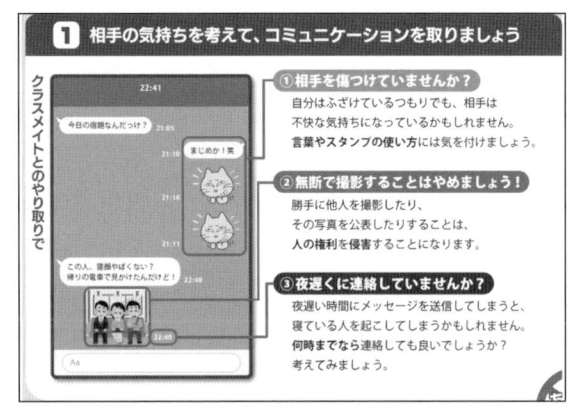

文科省「スマホ時代の君たちへ」より

い。むしろ人と違うってうれしい。」「マイペースだねって，なんだかのろいって言われてる感じがする。」「あーそれ分かる。」「えーそうかなぁ。」という感じで意見が分かれ，**子どもたちは人によって受け取り方，感じ方が違うことを実感します。**

その後，ネット特有の文字コミュニケーションの難しさをクローズアップし，ネット上だろうとリアルだろうと，他人に対する配慮が大事だ，ということに気付かせていきます。

🖊 個人情報の管理

これについてはだいぶ浸透してきたように感じます。さすがにむやみに自分の写真を載せる子はいないようです。（少なくとも私が教えた子たちは中学生になってもインスタの投稿では自分の写真など個人情報が特定されそうなものは載せていません。）

子どもたちには，基本的に一度ネット上に載せたものは永久に消えない，ということを教えています。いわゆるデジタルタトゥーです。氏名，住所などはもってのほか，部屋の写真からも特定されることがある，眼鏡に反射した景色から場所が分かる，など現代社会では人のことを暴こうとする輩がいるということも教えてきました。

学校では，ＩＤやパスワードの管理を徹底します。パスワードは鍵だからね，パスワードが漏れるっていうのは他の人に部屋の鍵を渡すようなもんだよ，誰かがパスワードを入れるときに見ないようにするのもマナーだよ，とか。

要は意識の問題です。自分自身に関することについて自分自身で管理しよう，ということです。

 情報の見分け方

実際に私に送られてきた詐欺メール

今も昔もデマ，ウソ情報はよくあります。ネットが普及し生成ＡＩが開発され，より巧妙になってきたように思います。これについては，日頃から「デマ，ウソ情報だということも考えられる。」と習慣づけることや一つの情報だけで信用しないことなどの対策があります。これも事例から教えました。X（旧 twitter）での地震被害のニセ情報は記憶に新しいところです。

特に最近は，詐欺メールなど個人情報を引き出そうとするものが増えてきています。こうしたときは，その会社のホームページで詐欺メールでの被害に合わないように啓発している場合があるので，その情報を検索してみてから判断すると良いことを教えると良いでしょう。

また，ウイルス対策ソフトを入れておけば，アクセスすると危険なサイトをブロックしてくれること，検索したときに信用度が低いサイトは色分けして警告してくれることなども大事です。

著作権，肖像権について

　子どもたちはネットで好きなキャラクターなど「推し」の画像を検索してダウンロードして楽しんでいます。また，友達の写真を撮ったり，動画を撮ったりして笑い合っています。よくある光景です。

　さて，このダウンロード。法的には問題ないのでしょうか？自分で眺めて楽しんでいる分にはいいのですが，これをＳＮＳの自分の投稿など不特定多数の人が見るものに載せることは違法になります。子どもたちはもちろん，大人でもこのことを理解していない場合があるので注意が必要です。

　授業で使うのはどうなの？と思われる方もいらっしゃるでしょう。授業で使う場合は基本的にＯＫです。詳しくは文化庁が出している「学校における教育活動と著作権」をご参照ください。著作権法は2020年６月に改正されているので読んでいない方は，一度確認されると良いと思われます。

　次に，友達の写真を撮ることはどうでしょう？これについては，当然本人の許可がある場合のみ撮影できます。もちろん，ネットにアップすることは本人の許可なしではできません。これを意識させることも重要です。これを守らない場合は法律違反，ということです。

端末使用のルール

　私は子どもたちに日常的にＩＣＴ端末を使わせていけば良いと思っています。しかし，世の中には「ＩＣＴ端末を使って授業中にゲームをしたり，いたずらをしたりする子がいるから使わせるべきではない。」という主張があります。これについて反論すると，「授業中に学習せずにゲームをするという行為は，ＩＣＴ端末を導入する前に教科書やノートに落書きをしていたのと何ら変わりません。**端末の導入によって顕著に見えるだけで，問題の構造が変わっているわけではありません。**」ということです。

　子どもたちは大人が考えている以上にＩＣＴ端末を使いこなしています。先生の目を盗んで遊ぶことなんか簡単にやってしまいます。いくら禁止しても，使う意識が変わらなければ結局はイタチごっこになるだけです。

そもそも学校で使わせなくても，家で普通にパソコンやスマホを使っているし，ルールも決めずに勝手に使っているケースも考えられます。学校でだけ禁止しても意味がありません。**知識もなくネットの世界に入るのは，ライフジャケットも着ずに荒海へ飛び込むようなもの**です。だったら，学校できちんと使い方を指導すべきではないでしょうか？

Googleclassroom を使って一定期間メッセージのやり取りをする経験をする，という実践をしました。先生が見守っている中で，疑似ＳＮＳとして体験させて使っていく中で感じ方の違いや，言葉遣いについて体験を通して気付いていくことを期待するものです。まずは**安全な場所で転んでみる**ことです。自転車に乗るときと同じようなものです。上手に乗れないうちに交通量の多い道路をいきなり走るのは危険です。ネットの利用も同じではないでしょうか？

結局のところは子どもたちの意識を変えていくしかありません。私がよく話すことは「スマホやタブレット端末，パソコンは包丁と同じ。包丁は本来，料理をするための道具だけど，使い方を間違うと人を傷つける道具にもなる。ＩＣＴ端末は便利なものです。正しい使い方を身に付けましょう。」ということです。ネット上だからということではなく**ネット上だろうとリアルだろうと，他人に対する言動はそれなりのマナーを守ろう**，ということです。

また，ルールづくりをする必要があると判断される場面に出くわすこともあるでしょう。ちなみに，私のクラスではＩＣＴ端末導入当初から，基本的に使う使わないの判断は子どもたちに任せていました。そして**ルールはたった一つ。「自分の学びのために使うこと」**です。「守れない場合は，ルールが細かく増えていくけど，それは望んでいません。なぜなら，君たちにはたくさん使って慣れてほしいからです。」と話しました。それでも子どもたちはきちんとルールを守り，３月まで追加されることはありませんでした。もし，細かくルールを決めるなら，**子どもたち自身が決める**ようにすると良いでしょう。

olumn

協働的な学びと
最近接発達領域

1

最近接発達領域（Zone of Proximal Development, ZPD）の理論は，ロシアの心理学者レフ・ヴィゴツキーによって提唱されました。この理論は，学習者が単独で達成できる能力と，他者の支援を受けて達成できる能力の差を表しています。ＺＰＤは，学習者が潜在的に達成可能な能力の範囲を示しており，教師や他の支援者（例えば，親や同級生）の適切な指導やサポートを受けることで，学

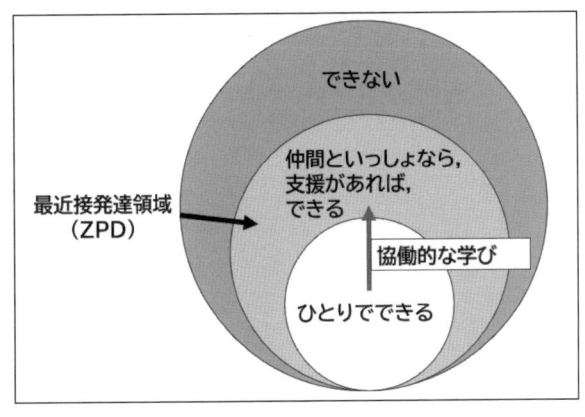

最近接発達領域のイメージ図

習者はこの領域内で成長し，最終的にはそのスキルを独力で習得できるようになります。

　私なりに簡単に言えば，一人じゃ無理だけど，誰かと一緒ならできそうだな，という部分のことです。

　例えば，著名な方の講演会に参加したけどあんまり分からなかったなあというときに，同僚から砕いた説明を受けてあーなるほどね，と腑に落ちたとき，みたいな感じです。それが，その講師の先生本人ではなく，聞きやすい同僚だというところが結構重要です。クラスに置き換えると，先生に聞くよりも友達に教えてもらった方がリラックスして学べるということですね。

　協働的な学びでは，子どもたちが協力し合って学びます。かかわり合いの中で学習効果を上げていくという点でＺＰＤの理論と深く関連しています。

具体的に言うと以下のようになります。

相互作用を通じた学び

　協働的な学びでは，子ども同士が意見交換や問題解決を行うことで，互いに支援し合いながら学びます。このプロセスは，ＺＰＤの枠内での学びと類似または同様に行われます。これにより，子どもたちは他の子の視点や情報を取り入れ，自分の理解を深めることができます。つまり，交流の中で学習の効果を上げていくことができるのです。

スキャフォールディング（足場かけ）

　聞きなれない言葉ですね（笑）。先生や他の子が適切なサポートをすることで，子どもたちはより複雑なものを解決できるようになります。このプロセスは，ＺＰＤの中での学習支援と一致しています。協働的な学びでは，グループメンバーが互いに足場を提供し，学習を促進します。

自己調整学習

　協働的な学びでは，子どもたちは自分たちの学びを調整し，自律的であることが求められます。これは，ＺＰＤの理論における最終目標である，学習者が自分の力でタスクを遂行できるようになることと一致します。

　まとめると，最近接発達領域の理論は，協働的な学びがどのように効果的に機能するかを理解するための重要なことを教えてくれます。協働的な学びは，子どもたちが互いに支援し合いながら成長し，より高いレベルの知識やスキルを習得するための有効な手段であり，ＺＰＤの理論からも裏付けられているということです。

さあ始めよう，
個別最適な学び×協働的な学び
×ICT活用
2

1 まずは問題意識のある教科から

では，実践を始めましょう！

と，言われても「でも，**何の教科から取り組めばいいんだろう ……？**」と，思ったかもしれません。確かに迷いますよね。結論から言うと何の教科でもいいです。効果がより感じられるのは，あなたが一番「この教科の授業，うまくいってないんだよねえ……。」と問題があることを意識している教科です。シンプルに言うと**一番悩んでいる教科**です。

例えば，「算数でできる子とできない子の差が大きいんだよねえ……。」という悩みがあれば，算数で個別最適な学び中心で授業をしてみればいいのです。また，「国語や社会で話し合いが深まらないんだよねえ……。」と感じているのであれば，国語や社会で構成的な協働的な学びを取り入れた授業をしてみればいいのです。

どの教科で個別最適な学び・協働的な学びが向いているかは，前述の表にもある通りです。どちらかと言えば知識の獲得や技能の習熟では個別最適な学びが向いているし，多様な考えに触れて，広めたり深めたりするには（構成的な）協働的な学びの方が向いています。

ただし，これはあくまでも「向き・不向き」で，決してできないわけはないし，また，子どもたちの実態によってはできたりできなかったりします。

ですから，何はともあれまずはやってみることです。**一度やっただけでは目立った効果は見られない**でしょう。2〜3単元ぐらいやってみると軌道に乗り始めます。第1章でも書きましたが，最初から100点を取ろうとせずに，まずは50点ぐらいをめざして何度もやってみましょう。

「一斉指導よりはマシだな。」ぐらいの気持ちでいるとちょう

どいいです。

<table>
<tr><td>

知識の獲得・技能の習熟
（個人差が大きい）

・国語の漢字，言語事項，成果物
　の作成
・算数の知識技能の定着
・社会の調べてまとめる活動
・理科の実験・観察
・外国語の単語，定型文
・技能教科（体育，音楽，図工）

個別最適な学び中心

</td><td>

多様な考えに触れる
（かかわり合いが必要）

・国語の物語文，説明文，詩の読
　み取り
・社会の討論
・算数の概念形成，原理理解
・理科の予想，仮説検証の方法
・外国語のコミュニケーション

（構成的な）協働的な学び中心

</td></tr>
</table>

個別最適な学び・協働的な学びが適している教科，領域の一覧

　ちなみに，私の場合は15年ぐらい前に社会科専科をしていた当時，協同学習（構成的協働的な学び）を導入したのが始まりです。また，個別最適な学びは10年ぐらい前に算数の自由進度（単元内）をしたのが初の試みでした。もちろん，最初は思った通りに行きませんでした。意欲はすごく上がりましたが，学力という面ではあまり芳しい結果は得られませんでした。しかし，3単元ぐらい繰り返して，子どもたちもこのやり方に慣れたころから，少しずつ成果が表れ始めました。

　まずは，続けてみましょう。**やってみなければ分からないです。**

2 国語編

1 国語の授業デザイン

　さて，国語の授業。子どものころ，みなさんはどのような国語の授業を受けてきましたか？次のような感じだったのでは？

◇　発問指示中心。
◇　答えは教師がもっている。教師の働きかけで答えに近づいていく。
◇　板書をノートに写すのが義務。
◇　物語文は心情中心，説明文は形式中心，成果物はアナログ。
◇　表現活動や成果物作成に教材文の学習が生かされない。

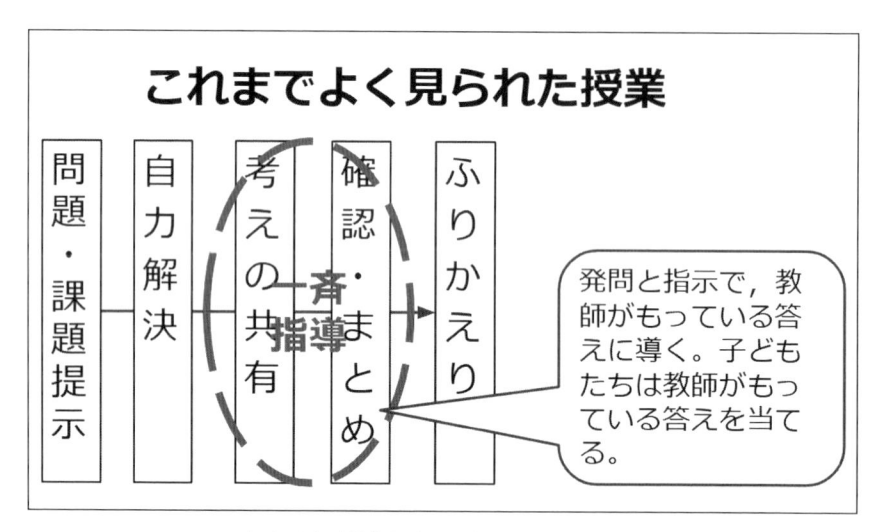

これまでよく見られた国語授業の1時間の流れ

例えば，物語の読解の授業では先生が発問して，それについて子どもたちが考えます。「このとき，この人物はどのような気持ちだったのでしょうね？」とか。そして，一部の子どもと先生とのやりとりがあって「正解」が板書されます。正解は教師がもっているのであって，子どもがもっているわけではありません。子どもの発言は教師によって「選別」されていき，一番近いものが「採用」されます。あたかもその子の意見のようですが，要は教師が言いたいであろうことを当てる「作業」になっています。教師は発問や指示でなんとか子どもに発言させて答えを言わせようとする，子どもは子どもでなんとか当てようとする，そういうやりとりが続いていきます。発言していたり，そのやりとりに乗っていけたりする子はいいです。しかし，その流れに乗れない子にとっては空白の時間にしかなりません。そして，分かっていても分かっていなくても，強制的に板書をノートに写す作業が待っています。書いている最中に教師が話していたりすると，まったく耳に入らない子も当然います。

　こうした授業を受けてきた子どもたちはどんな子どもに育つでしょう？やはり受け身，指示待ちに育ちますよね。授業で教師のもっている答えを当てようと忖度するのですから，主体性には程遠いです。

　ここ10年ぐらいは「言語活動」を取り入れることが大事にされてきているので，少しは良くなってきたように思えます。表現することの大切さが意識されるようになってきました。でも，それは単元の終わりに後出しじゃんけんのように提示され取り組まれるものが多く，単元構成そのものを工夫した授業はあまり見られません。（文科省で言うところの「単元を貫く」はずだったのですが……笑）そして，現場ではまだまだ一斉授業の方が圧倒的に多いです。

　では，どうしていけば良いでしょうか？

　やはり，個別・協働の授業にシフトしていくのが良いでしょう。

　前掲の表にもある通りですが，領域や内容によって個別最適中心か協働的中心かに変わります。私は次のように考えています。

◇ **知識の獲得・技能の習熟中心の学習（個人差が大きい）**

　　漢字学習，言語事項，成果物の作成（作文含む）→個別最適な学び中心

◇ **多様な考えに触れる学習（かかわり合いが必要）**

　　物語文，説明文，詩の読み取りなど→（構成的な）協働的な学び中心

　以上のように，どの場面でも個別最適な学びと協働的な学びを同時にする必要はなく，使い分けていけばいいのです。

　例えば漢字練習。どのように行いますか？いわゆる「漢字練習」を行っている方が多いのではないでしょうか。内容はともかく漢字練習帳と呼ばれるものにひたすら写経のように書いて覚える，というもの。「今日は１ページね。」「宿題で書いてくる漢字は○○と○○と……。」のようにしているのがほとんどかと。しかし，考えてみてください。そのやり方，本当に効果があるんでしょうか？

　「つがわ式」という漢字習得術があるのをご存じですか。自分が覚えようとする漢字の難しい部分に○をつけて，そこだけ覚える，というものです。このやり方を授業で行ってみたところ，３分でみんな「薔薇」という漢字が書けるようになりました。

「薔薇」の場合はここに○をつけます。

　他にもよく学校で導入しているＡＩドリルには，書き順を覚えさせるために漢字をなぞる形式のものがあります。これで，覚える子もいます。ひたすら見て空書きで覚える子もいます。

　このように，漢字の覚え方も子どもによって様々です。**その子に合ったやり方があるはず**です。**それを選択する場を提供する**ことが個別最適につながるのです。もちろん，ひたすら個人でやるのではなく，ときには子ども同士で問題を出し合ったりして学習を進めることもあります。そうした協働も並行して行います。これは，他の言語事項（例えば，接続語，比喩，等）の学習でも同様です。

作文はどうでしょう。従来も一人ずつ書くことが多かったと思われます。しかし，書いている途中で読み合うことをする実践は少ないでしょう。「協働的な学び」では，いつでも読み合ったり話し合ったりします。より適切な表現をアドバイスしたり，感想を言い意欲を高めていったりします。これまで教師が行ってきたような添削はほぼありません。このやり方が進化したものが「ライティングワークショップ」です。簡単に言うと好きな題材について，好きなように書く活動です。これによって作文が好きになった子どもは多くいます。

　物語や説明文の読解では，協働的に行うことが多くなります。なぜなら，それぞれの読み取りの違いを知ることによって，学びが深まったり広がったりするからです。

　私の場合は，次のような流れで授業を行います。

①「問い（課題）」を出す。（または子ども自身が「問い」を見つける。）

②自分の考えを書く。

③書き終わった人同士で意見を交流する。

④構成的なグループで話し合い，集約する。

⑤全体で共有する。

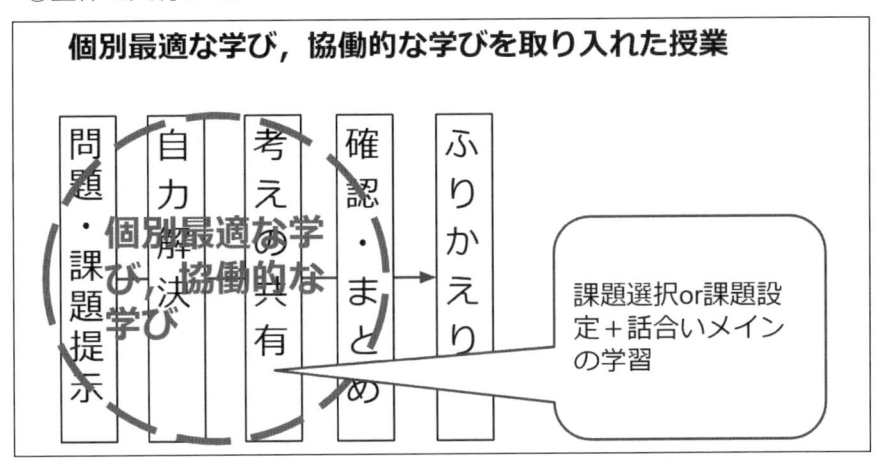

個別・協働を取り入れた国語授業の１時間の流れ

ここで，**重要なのは「問い（課題）」**です。いわゆる中心発問だと思ってください。この「問い」の質が重要です。あらかじめ答えが用意されているようなものはふさわしくありません。**答えが一つではない，子ども個々の考えが反映されるもの，多様な考えが引き出されるようなもの**が良いです。

　問いは，教師がいくつか提示しておいて子どもがそれを選択するか，子ども自身が自分で学びたいことを問いとして設定します。個別最適な学びをするためです。自力解決や考えの共有の段階では，前述のとおり非構成的か構成的かを教師が決めたり，子どもたちと相談したりして決めます。クラスの実態だけでなく問いの性質にもよります。

　意見を書くときは，スプレッドシートを使う場合もあります。③の書き終わった人同士で意見を交流するのは，学習の空白をつくらないためです。また，グループ以外の人とも交流するためです。④の構成的なグループの話し合いでは，アナログなホワイトボードやタブレット端末でジャムボードを使います。

　こうした授業の形態であれば，子ども自身が自分で考え，意見を交流し考えを深めたり広げたりしながら学んでいくことができます。一部の子どもの発言で授業が進んでいくこともありません。

　また，十分に話し合いの時間をとることが大事です。話し合いの場面で子どもたちの脳内で試行錯誤が繰り返されるような学びがなされることを期待するものです。

　このように，「個別最適な学び」「協働的な学び」を取り入れた授業デザインは，これまでの一斉指導とは質が異なるものになります。これだけでもいいのですが，さらに子どもたちの主体的な学習を促す授業があります。

「出力型の学習」を国語の授業に取り入れていきましょう，というのが私の提案です。

これから取り組んでいきたい出力型の学習の流れです。表現活動やアウトプットをするための問題解決活動という構造にしていきます。

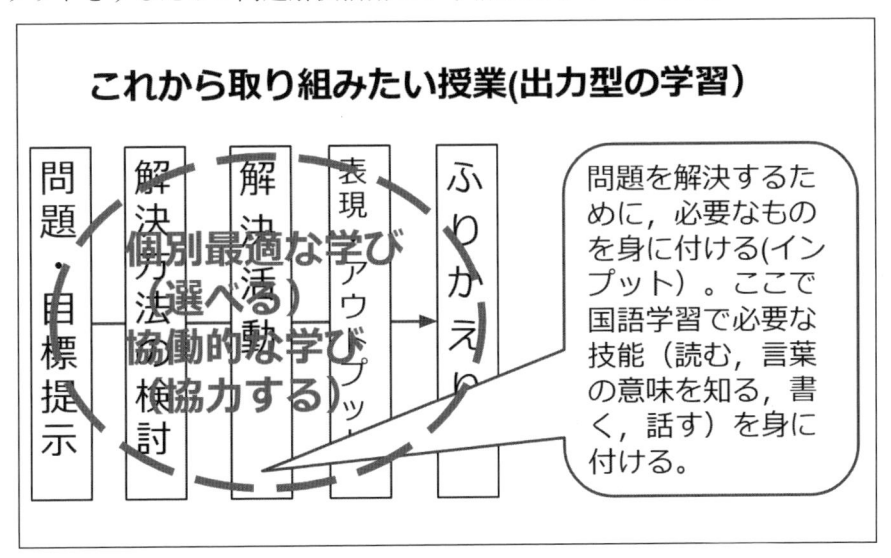

出力型の学習を取り入れた国語授業の一単元の流れ

単元で行う表現活動・アウトプットの活動を最初に示しバックキャスティング的に学習を仕組んでいきます。問題を解決するために必要なものを身に付ける段階で，国語の知識や技能を学習する，という形で単元デザインをします。アウトプットするためにインプットする，ということです。問題や目標提示をしたら，そこから先は自分たちで見通しをもって進めるような流れになります。（探究的な学習でもあります。）

このように書くと，何か仰々しく感じてしまう方もいらっしゃるでしょう。これは何もレベルの高い学習をしましょう，ということではありません。こ

れまで，いわゆる「単元を貫く言語活動」にきちんと取り組んできた方にとっては特段変わったことではないです。取り組む言語活動を最初に提示して，「これをやっていくためには，どんなことが分かれば（できれば）いいかな？」とバックキャスティング的に学習活動を子どもといっしょに考えて単元計画を立てればいいだけのことです。

　では，例えばどのような学習活動があるのでしょう？具体的に紹介していきます。

◆ 例えばこんな活動

　私が実践してきたこと，見聞きしたことを紹介していきます。教科書にある活動もあります。

＜書く活動＞

リーフレット・パンフレットづくり	・説明文の内容をまとめて図やイラストを加えて書き表す。 ・説明文のテーマをもとに自分で調べたことをまとめて書き表す。 ・説明文の文章構成や表現の仕方を真似して似たようなテーマの文章を書く。 ・物語の良さを紹介する。
ポスターづくり	・文章から読み取ったことをもとに，伝えたい人を決めてイラストなども加えて1枚に表す。
物語の続きを創作	・読み取ったことをもとに，物語の続きを書く。 ・物語のテイストや雰囲気を失わないように書くことがポイント。
登場人物へ手紙	・登場人物に伝えたいこと，自分が思ったことなどを手紙の形式で書く。

作文（創作，生活文，意見文，詩，俳句，短歌）	・自分で想像したこと，日頃の生活で感じたこと，思ったことなどを文章に書き表す。 ※提示された事象，何かのきっかけをもとに書くようにする。
脚本づくり	・物語の一部分を選んで脚本にする。 ※人物の動きや教材文にないセリフを付け加えてイメージを膨らませる。
図鑑・辞典づくり	・説明文のテーマや，文章構成をもとに，自分で調べたことを図鑑や辞典にまとめる。

<話す・演じる活動>

劇・朗読劇・人形劇	・物語の全部，または一部分を選んで劇にする。
スピーチ，プレゼンテーション	・自分が調べたこと，考えたことなどを聴き手に伝える。 ・メモ，原稿，スライドなどを作成して行う。
登場人物にインタビュー	・読み取ったことをもとに，物語の登場人物になり切ってインタビューを受ける。 ※物語のテイストや雰囲気を失わないように質問や答えを考えるところがポイント。
紙芝居	・物語を紙芝居にして下の学年などに見せる。 ※枚数が多くなり過ぎないようするところがポイント。
ブックトーク	・テーマに合わせて自分や読んだ本を紹介する。一部を読んでみせたり，おもしろいところを紹介したりする。

ビブリオバトル	・それぞれがおすすめの本を紹介して，それを聞いている人はどの本を一番読みたいと思ったか投票し，多数決でナンバーワンを決める。 ※公式ルールがある。
ブッククラブ	・同じ本を読んで感想などを４〜７人ぐらいのグループで話し合う。 ・授業では教科書の物語を読んでグループを組んで行っても良いし，同じ本を読んだ子同士でグループを組んで話し合っても良い。 ※何を話し合っていいのか分からない子のために，観点を提示しておいても良い。

＜遊ぶ活動＞

言葉遊び	・回文をつくる。　・文字絵をつくる。
カルタづくり	・ことわざのカルタをつくって遊ぶ。 ・俳句や短歌のカルタをつくって遊ぶ。

＜その他＞

ことわざを写真で表す	・ことわざを選んで，その意味に合うような写真を撮る。お互いに見せ合ってコメントする。
俳句，短歌のイメージに近い写真を選ぶ	・俳句や短歌を読み味わい，そのイメージに近い写真を選ぶ。選んだ理由などについて話し合う。

　ざっと書きましたが，どれも子どもたちが意欲的に取り組んだものです。次に実践例を詳しく紹介していきます。

3 国語実践例

1 6年「ヒロシマのうた」の脚本をつくる

1 | 題材・ねらい

「東京書籍『新しい国語』6年」の中にある「ヒロシマのうた」を扱った学習です。「ヒロシマのうた」は，原爆投下による悲惨な出来事を背景に，生き残った人々の苦しみや希望を描いた作品です。この物語は，広島市に原子爆弾が投下された1945年8月6日の悲劇とその後の影響を扱っています。主に，被爆者たちの経験，彼らが直面した困難，そしてそれにもかかわらず彼らが抱いた平和への願いや未来への希望に焦点を当てています。

物語の登場人物の心情や作者の戦争に対する見方を読み取り自分の考えを持つ，というのが主なねらいです。

この実践は前作「個別最適な学び×協働的な学び×ICT入門」にも載せたものです。出力型の学習活動として，物語全体の「脳内映像化」を行い，最後の3行の脚本をつくるというものを取り入れています。（脚本をつくるという活動は前作には載せていません。）脳内映像化とは文章からその様子をあたかも映像を見ているかのように限りなく想像することです。そのイメージを伝え合うことで，自分とは違った読み方や感じ方を知り，言葉にこだわった読み方をすることができるようになることが期待できます。脚本には，登場人物の動きや表情，周囲の様子など，本文にはない要素も想像して書きこんでいきます。自分の脳内イメージを言葉にする，という部分が国語の学習として有効です。

2 授業展開例

① 授業のねらい，学習の流れ，時間配当を板書しながら伝えます。

② まずは，教材文を読みます。どんな読み方でも，つまり音読でも黙読でも，デジタル教科書の音読でもＯＫとしておきます。子どもたちは自分で選びます。その時間に扱う場面の範囲を読むようにします。

③ 次に，発問から場面の様子を想像して，自分の考えを書きます。場面ごとに出します。例えば次のようなことです。

　　○　練兵場はどれぐらいの広さなのか。そこに何人いるのか。

　　○　お母さんはどのような格好をしていたのか。

　　○　リヤカーの人と「わたし」の出会い方は。

　　○　「わたし」は，どこで何をしていてラジオを聞いたか。

　　○　「おおきに」と言ったときのヒロコの表情は。

　　○　ヒロコは名札をどの指でさわってどう動かしたか。

　　○　「会ってみたいな…」とヒロコがつぶやいたときに，「わたし」はどうリアクションしたのか。

　これらの発問を場面ごとに行い，それぞれについて個人で考えます。いずれも登場人物の感情を問うていません。「このとき，○○○はどんな気持ちだったでしょう。」なんて訊きません。しかし，これについて答えるためには，文章をよく読み言葉の意味や表現の仕方を捉えなければなりません。浅い読みではふさわしい回答ができないのです。例えば「『会ってみたいな…』とヒロコがつぶやいたときに，『わたし』はどうリアクションしたのか。」という発問については，これまでの出来事や「わたし」がヒロコに対して思っていること，「わたし」の人物像，この場面の経緯を的確に読めていなければ，ふさわしい回答にならないでしょう。他にも「お母さんはどのような格好をしていたのか。」については，ある子が「仰向けになっていた」と答えましたが，文中には「背中から後頭部にかけて，ずるりと皮が落ちている」とあるので，これは違う，という指摘をされていました。こういう表現にこ

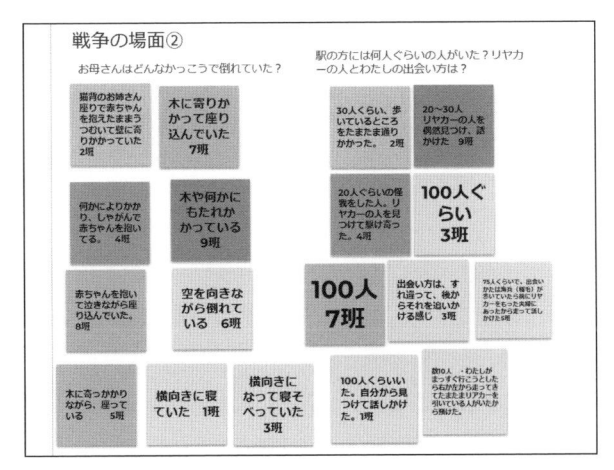

グループでの話し合いをまとめたジャムボード

グループでの話し合いの様子

だわることで誤読を解消することにもつながります。

④　構成的なグループ（3，4人）で，それぞれの考えを出し合いながら一つに絞ります。個人で考えたことをグループで検討する段階で，それぞれの読み方，想像したことの違いを知り，さらに深く読もうとします。どのグループも話し合いに集中しているのが分かります。

⑤　グループでどんな意見が出たのか，全体で共有します。ここでは，なぜそう思ったのかを，根拠を示しながら説明します。

「どんなリアクションだった」の発問について，ある班では，「お母さんを助けられなくて申し訳ない，という気持ちが少しあって，少し悲しげで黙ってしまっていると思う。」という発言をしました。そこまでの「わたし」のヒロコに対する思いが読めていなければ考えられない答えではないかと思いました。

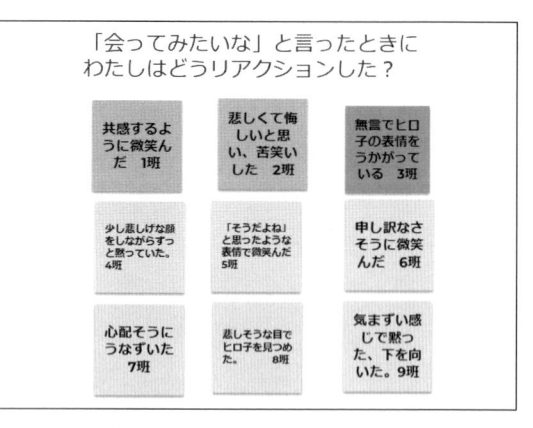

グループでの話し合いをまとめたジャムボード

⑥　ここまでの学習で様子を限りなく想像することを繰り返して，それなりに読めるようになってきます。次に最後の３行を脚本にする活動を行います。これは個人でやります。最後の場面は，「わたし」が列車に乗り

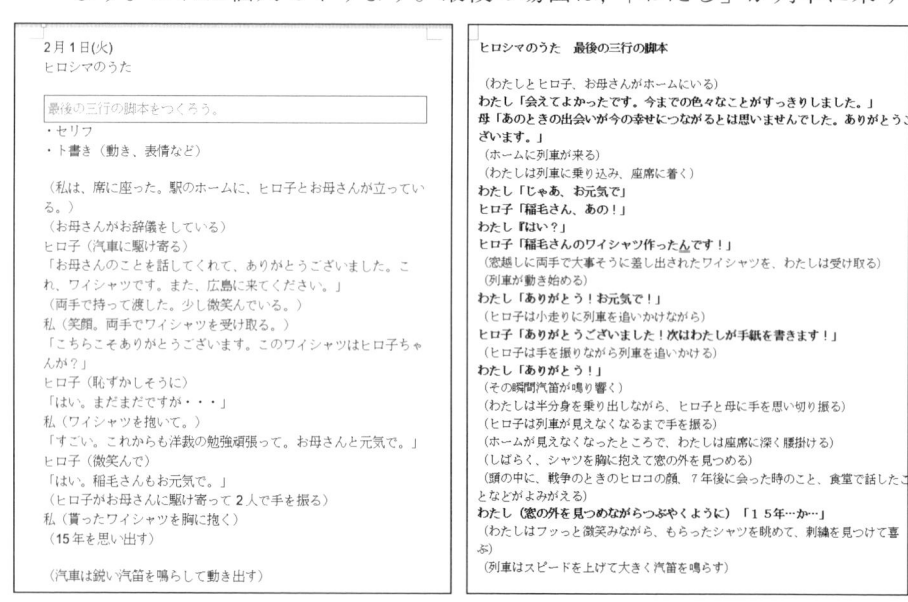

子どもが書いた脚本

ヒロコちゃん親子と別れる様子を描いています。ヒロコちゃんが「わたし」に自分でつくったワイシャツを渡すところがあります。特に，この場面をどう想像しているか，登場人物の心情をどう捉えているかが問われます。「わたし」とヒロコのいる場所は？両手で渡した？渡すときにヒロコは何て言った？「わたし」の表情は？ここは自分で考えて言葉にしていきます。

さらに，書いたものを読み合い，Googleフォームを使って誰のが良かったか2名選んでコメントを書きます。

Googleフォームに記入し集計されたエクセルシート

⑦　学習の振り返りをします。ねらいは達成できたと思うか，次の学習ではどうしていきたいか，などの観点を出しておきます。

ここまで読んできてお気付きになったかと思いますが，この実践では**発問がとても重要**です。どんな発問にするかは相当吟味が必要です。ですが，そこが物語の学習の醍醐味でもあります。

2 4年「世界一美しいぼくの村」でブッククラブ

1 題材・ねらい

　アフガニスタンのパグマン村に住む少年ヤモが，戦争に行った兄に代わって父親と一緒に町にさくらんぼを売りに出かけるというお話です。ヤモは，ロバのポンパーと一緒に町へ出かけ，少女や足を無くした老人などと出会います。さくらんぼを売ったお金で，誰も持っていないような子羊を買い，夕日に照らされながら村に戻ります。しかし，冬になると，戦争で町は失われてしまいます。最後の一文が衝撃的であるものの，続編もありシリーズのラストは希望のもてるものになっています。

　物語の結末について感じたこと考えたことを伝え合い，一人一人の感じ方などに違いがあることに気付くことが主なねらいです。感想を話し合うという活動をメインで考えるなら，「ブッククラブ」が適しているでしょう。

2 授業展開例

① 　授業のねらい，学習の流れ，時間配当を板書しながら伝えます。
② 　まずは，教材文を読みます。どんな読み方でも，つまり音読でも黙読でも，デジタル教科書の音読でもOKとしておきます。子どもたちは自分で選びます。
③ 　あらすじや難語句，注目したい表現などを確認します。（1時間程度）
④ 　次に，ブッククラブのやり方を説明します。
　・3，4人のグループをつくる。（必ず男女で組む，と入れても良い。）
　・話し合いたいことを出して話し合う。考えの交流が目的なので結論は出さなくても良い。
　・話し合うことが思いつかない場合は，（教師が提示した）例を使っても良い。

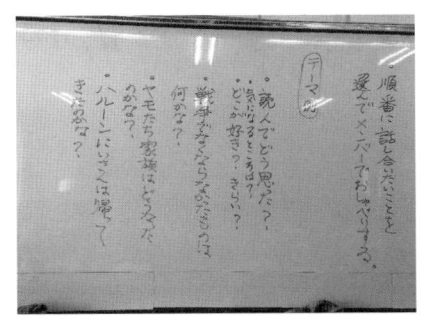

例示した話題

・一つの話題について話し終わったら，次の話題を決めて話し合う。
・5分程度経ったら（教師が合図），メンバーを変えてまた話し合う。

　話し合いでは，「いいお話なのに，最後がねえ〜」「そうそう！」「このまま終わっちゃったらだめだよね。」とか，「最後に戦争で村がなくなっちゃうじゃない？」「そこね〜，悲しいよね〜」「ヤモの家族は生き残ったのかな〜？」「気になるよね。」といった会話が聞かれました。

　一斉授業では手を挙げて話すことがないような子も，自分から問いかける姿や，教科書を指でさして「ここ！ここがいいんだよね。」と熱を込めて話す姿が見られました。それが教室のあちらこちらで行われています。自分の思いを表現する機会を多くしたことが，話し合いの活性化につながりました。また，メンバーをどんどん変えていくので，いろいろな考えにふれ，自分の考えを見つめ直すことにもつながります。

⑤　話し合いが終わったら，そこまでの学習も含めて物語についての感想を書きます。

　　※時間は物語の長さや学年によって設定を変えてください。

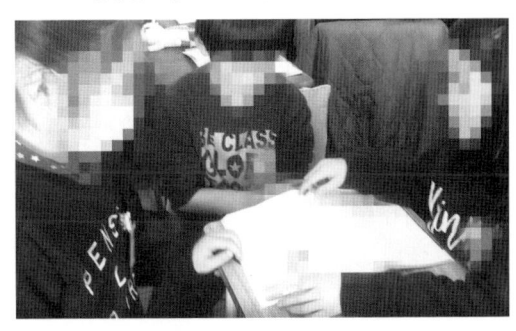

指で教科書の文をさして話す子ども

1 算数の授業デザイン

　授業の話をしていて，一番多く聞かれるのが「算数では，子どもの差が大きくて困っています。」というものです。それは，私も実感したことがあります。

　さて，算数の授業。みなさんはどのような算数の授業を受けてきましたか？また，これまでどんな授業をしていましたか？おそらく，次のような感じだったのでは？

◇　先生が問題を出す。
◇　それぞれが問題を解く。
◇　解き方を発表する。
◇　先生がまとめる。
◇　何問か適用問題を解く。

　例えば，わり算の授業では先生が問題を出して，それを子どもたちが解きます。「これまで習ったことを使って解くことができるでしょうか？」とか，問題解決学習の型ですることが多いでしょう。既習事項を使って解く，というのは算数の授業の定番中の定番です。分かる子はすぐに分かります。でも，みんなが考えているのに勝手にしゃべると邪魔になると先生に注意されるかもしれないので黙っています。言っちゃいけないのです（笑）。やり方は教科書に書いてあるのに見せないで問題に取り組ませるなんて授業も見たことがあります（苦笑）。「図に書いてもいいですよ。」なんて助言があって，そ

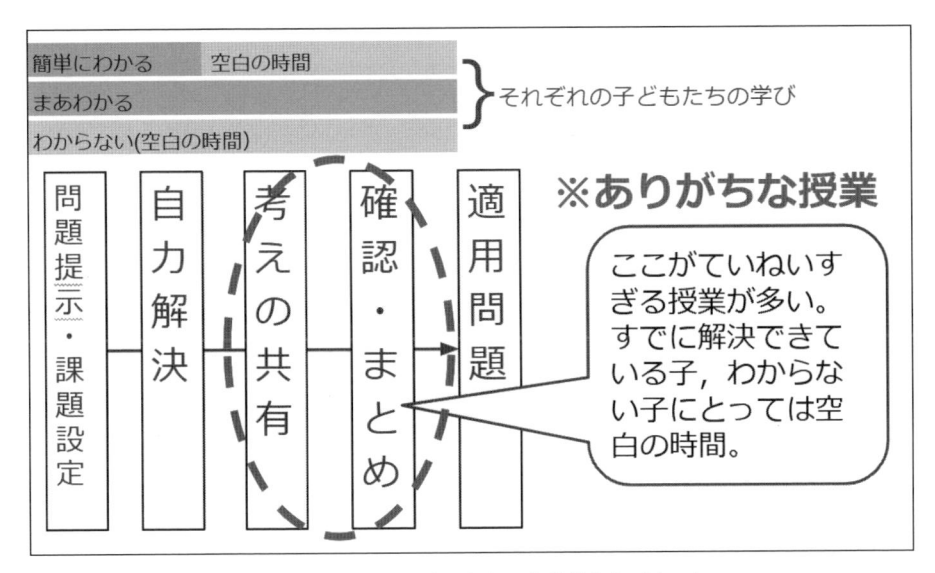

図中テキスト:

簡単にわかる	空白の時間	
まあわかる		それぞれの子どもたちの学び
わからない(空白の時間)		

問題提示・課題設定 ｜ 自力解決 ｜ 考えの共有 ｜ 確認・まとめ ｜ 適用問題

※ありがちな授業

ここがていねいすぎる授業が多い。すでに解決できている子，わからない子にとっては空白の時間。

算数の一斉授業でよく見られるありがちなパターン

して，そんなのが書ける子は一部で，分からない子には空白の時間が流れていきます。しかも，隣の子のノートを見ようとすると，先生から「見てはいけませんよ，自分で考えようね。」と言われる。周りの子からは「先生！○○さんが答えを見てきます！」と言われることも。（さすがに，最近はこうした光景もあまり見なくなりましたが……。それでもこの段階で積極的に協働を取り入れている授業は，まだまだ少ないのが現状です。）

　分かる子は秒殺で問題を解きます。できてしまって時間があまって，暇そうにしています。でも，みんな「自力」で解かねばならないので，誰かが困っていたとしても，手助けをしてはいけません。その後の時間は関係ないことを考えたり，なんとなく周囲をながめたりして時間がくるのを待ちます。塾で習っている子はさっさと筆算で解いて答えを書いて得意気にすましています。

　そして，自力解決の時間が終わり，一部の子どもが前に立って「発表」し

ます。話すのが上手な子もいれば，拙い子もいます。「発表」の間はじっと聞いていなければなりません。声が小さくて聞き取れなくても黙って聞いていなくてはなりません。それが優しさだからです。

　何人かの発表がようやく終わり，そのあとに先生とのやりとりがあって，もう一度先生がくわしく「解説」してくれます。このとき，すでに分かっている子にとっては「分かりきっていること」なので必要のない時間が流れていきます。分からない子にとっては，詳しく解説されて分かるかもしれませんが，分からないこともあります。中間層にとっては有意義な時間になっているかもしれません。そして，「まとめ」が板書されます。これをノートに写します。分かっていようがいまいが，です。とにかく書きます。

　「教科書〇ページの〇番の問題をやって，終わったら先生のところに持ってきてください。」と適用問題を解く時間がきます。ここでも，分かっている子はあっという間に問題を解いて，先生のところに持っていきます。そのうちに，２人，３人と丸つけを待つ列ができます。長いときには十数人になることもあります。秩序のないクラスだと，ここでふざけて騒いだりもめごとが起こったりします。そりゃそうです。待っている間はすることがないからです。そうして列に並んでいる間も空白の時間が流れていきます。熱意のある先生は，丸つけをしながら個別に指導をするのでますます並んで待っている時間が長くなります。一方，分からない子はずっと問題と向き合っています。しかし，解けません。いや，「どうせ分からない。」と，あきらめて遊んでいることの方が多いかもしれません。ただ時間が過ぎていきます。

　「終わらなかった人は家でやってきてくださいね。」と無慈悲に告げられ授業が終わります。

　こうした授業で子どもたちにどんな力がつくのでしょう？先生のガイドが

ないと進まない学び，受け身の学び。分かりきっている子にとっても分わからない子にとっても，**このような授業は時間が無駄ではありませんか？**できないことから意欲をなくし，自己肯定感まで下がってしまうこともあるでしょう。**算数がきらい，という子どもが多いのはこうした授業を続けてきたからではないでしょうか？**

　私は小学校の教師だったので，小学校の授業の様子を表現しましたが，中学校の数学でも同じような光景がたくさん，本当にたくさん見られました。できる子は黙々と問題に取り組みます。分からない子は，あきらめというか敗北感に満ちた，死んだ魚のような目をしています。とりあえず，聞いているふりをしている生徒もいます。

　算数・数学は系統性が強く，学習内容を積み重ねていくことが大事です。かけ算が分からないとわり算はできません。かけ算わり算が分からないと分数の問題はできません。九九ができないと因数分解はできません。

　そもそも個人差が大きく出やすい教科です。それが分かっていながら，**同じペースで同じ内容を学習すること自体に無理があります。**

　では，どうして行けば良いでしょうか？

　やはり，**個別最適な学び・協働的な学びを取り入れた授業にシフト**していくのが良いでしょう。

「算数の自由進度学習を始めたいと思っているのですが，何から始めたらいいでしょうか？」

　はい。この質問が一番多いですね。

　実は，私が今回この書籍，『個別最適な学び×協働的な学び×ＩＣＴ「超」入門』を書くきっかけになっているのがこの質問です。こういう相談が多く寄せられており，こうした意欲ある先生方のサポートをしたい，もっと詳しく分かりやすい説明をしたい，という思いがこの本を書いた理由だと言っても過言ではありません。それほど，算数の授業で悩んでいる先生が多いという証拠でもあります。

　しかし，いざやろうと思っても何から始めればいい？本当に子どもが自分で頑張るの？なんか怖いし……。という悩みがあるでしょう。でも，まずは覚悟を決めましょう。一斉学習のデメリットを解消しましょう。学習の空白をなくしていきましょう。まずはそこからです。最初から100点の授業をする必要はありません。一斉指導よりはマシだね，っていう程度でいいです。50点を10回とっていくうちに少しずつ60点，70点，80点…と上がって行きます。そもそも100点の状態って何なのかもよく分かりませんから安心してください。子どもたちが意欲的になることがまず大事です。分からない子が意欲的になる姿が見られるようになったら，もうそれだけで満点です。

　ここでは，できるだけスモールステップで導入する方法を説明します。

1 導入・説話

　まずは，別項目（P41参照）でも説明した通り，**なぜこうした学習の**

仕方をするのかを子どもたちに伝えます。そして，これは自分の力をつけるために行うことを伝えます。また，「自分を成長させるのは自分だけ」という話などが適切だと思われます。

2 | ミニ先生

　おそらくやったことがある方が多いでしょう。それは，適用問題が終わった子から「ミニ先生」になって分からない子に教えるというものです。これは昔から行われていました。

　この方法のメリットは，多くの子どもに対応できるということです。一人の先生で多くの子どもに対応するのは物理的に不可能です。ですから，終わった子の力を借りるのです。このやり方は，終わった子にとっても「学び直し」というメリットがあります。つまり，教えることで不確かだったものがはっきりしてくることがある，ということです。（ラーニングピラミッドでも，「教える」は上位ですね。P54参照）

　デメリットもあります。それは，誰かが終わるまでは先生は一人だということです。誰かが先生になるまでは，分からなくても教えてくれる人が不足しているために，その子の学習は滞ってしまいます。また，先生が採点を続けていると，全体の状況を把握することが困難になります。そして，問題が終わる子が増えていくと，ミニ先生がどこかのタイミングで供給過多になってしまいます。そうすると，一人の子に３人で教える，といった現象が起こります。この場合，だいたいは誰が教えるかでもめます。または，教える子がいなくなって遊んでしまうことがあります。

「ミニ先生」が教えています

このデメリットを解決する方法がいくつかあります。

まずは，**教える人がいなくなったら発展問題や練習問題に取り組む**ことです。これによって，教える人がいなくても学習の空白はなくなります。

また，**ミニ先生が丸つけもする**，という方法があります。教えながら丸もつける，ということです。この方法をとると，先生のところに丸つけの列はなくなります。先生も教室の中を回りながら子どもたちの学習の様子を把握することができます。

「でも，子どもに丸をつけさせていいのでしょうか？」という質問が多く寄せられます。もし，不安なら，適用問題のすべてを丸つけするのではなく**最初の１問だけ，２問だけに先生が丸をつける**，とすれば良いでしょう。残りの問題は自分で丸つけをするように話します。そうすれば先生のところに丸つけの列を作ることもなくなります。**最初の数人だけ全問丸つけをして，あとの子には先生とミニ先生で丸をつける**，という方法もあります。これだと，先生が気になる子に個別指導を行うことも容易になります。

学習の空白をなくす，という観点から考えると，できれば**丸つけは子どもが自分で**行えると良いです。どこかに答えを置いておいて，問題が終わったらそこに行って丸をつける方法，共有ドライブなどに上げておいて，それを見て丸つけをする方法（佐々木学級はこのやり方でした。）など，工夫次第でいろいろできます。

「え，そんなことをしたら間違えているのに丸をつけてごまかしたりする子が出てきませんか？」という先生が多いのですが，何のためにこのやり方

をしているのかがきちんと意識できていれば，そういう子は出てこなくなります。むしろ，丸つけの際に見間違えて丸をつけてしまうことの方が多いです。(10問中10問全部間違えて丸つけをするという子は見たことがありません。いたとしてもせいぜい1問か2問です。) どうしても不安なら，ノートを回収して目を通してみるといいです。

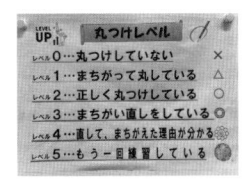

掲示しているクラスもありました

　丸つけを自分で行うと，間違えているときに正しい答えを書いておしまいにしてしまう子も出てきます。ですから，間違えたときはチェックだけ入れておいて，もう一度やり直すことを徹底するといいでしょう。「自分を成長させるのは自分だけ」が意識できていれば，そうするのが自然です。

<h2>5 ｜ 一単位時間での個別最適な学び・協働的な学び</h2>

　次の段階です。まずは，一時間の授業を変えましょう。

　図（次頁）にあるように，授業の後半を個別学習の時間にします。**適用問題を解く時間を増やすイメージ**です。

　ここでは，簡単に分かる子は習熟やもっとレベルの高い発展問題を，まあ分かる子は学習したことを補強する意味で習熟を，分からない子は一斉の時間で**分からなかったことについて時間をかけて補填**します。この考え方が重要で，じっくり時間をかけてその子のペースで学ぶ機会をきちんと確保するのです。この**個別学習の時間を多くとりたいので，一斉指導の時間はできるだけコンパクト**にします。

　そして，個別学習の時間はお互いに教え合えるようにします。ここが協働的になるようにするのです。構成的（グループを決めて）でもいいでしょうし，非構成的（フリーで，必要なときに）でもいいでしょう。いずれにしても，先生一人では手が足りないのですから，子どもたちの力を信じて任せましょう。ここでのポイントは終わったら教えるのではなく，**終わってい**

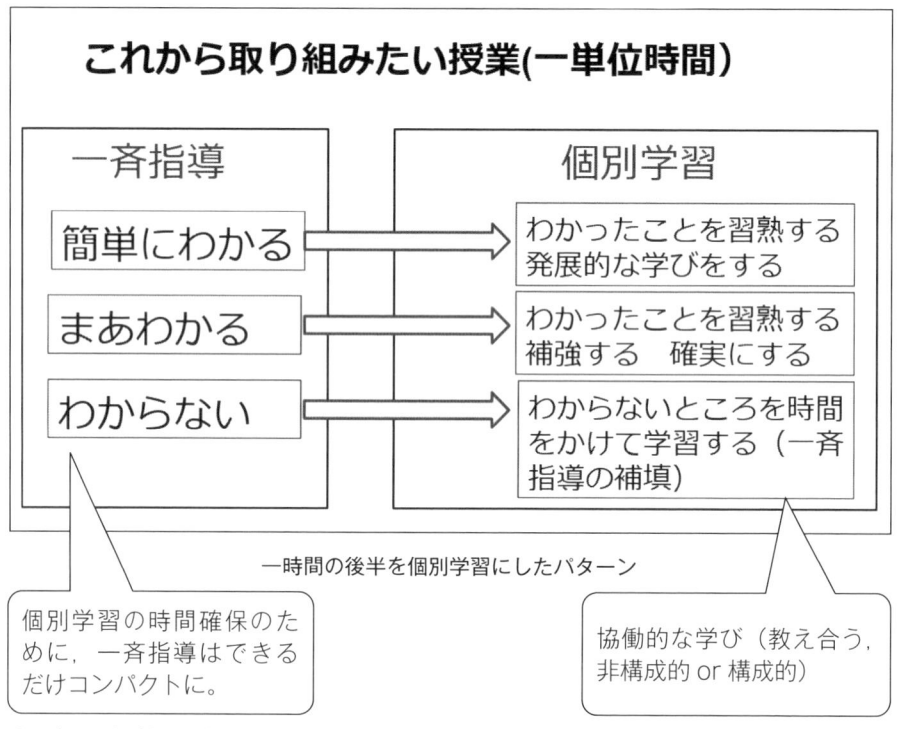

これから取り組みたい授業(一単位時間)

一斉指導		個別学習
簡単にわかる	→	わかったことを習熟する 発展的な学びをする
まあわかる	→	わかったことを習熟する 補強する　確実にする
わからない	→	わからないところを時間をかけて学習する（一斉指導の補填）

一時間の後半を個別学習にしたパターン

個別学習の時間確保のために，一斉指導はできるだけコンパクトに。

協働的な学び（教え合う，非構成的 or 構成的）

なくても教え合う，ということです。みんなで協力して賢くなる，という話をしておくのも良いでしょう。

　早々に終わる子には問題を別途準備する必要があります。購入してあるドリルなどがある場合はそれでも良いですし，ない場合はネットで検索すると無料プリントがたくさんありますからそれでも良いでしょう。また，ＩＣＴ端末でＡＩドリルに取り組むという方法もあります。それだけだと飽きてしまう場合がありますので，そこは工夫が必要でしょう。それについては別項目で説明します。

　このパターンは，授業の後半で学習内容・学習方法・学習時間を選択することができる個別最適な学び，という授業デザインです。

6　2～3単位時間での個別最適な学び・協働的な学び

さらに次の段階です。個別協働のスパンを長くしていきます。

単元の内容を見ていくと，いくつかのまとまりになっているのが分かるでしょう。教科書を見ると大きく番号が書いてあったり，また似たような内容が続くところがあったりします。ここをそのまま個別協働で学習するのです。

	数を仮分数になおす方法を理解する。	・帯分数を仮分数になおす方法を考える。 ・仮分数と帯分数の大きさの比べ方を考える。	わかった→ 教えた·教えられた→
5	○大きさが等しく表し方のちがう分数があることを理解する。	・数直線を見て，分母がちがっていても大きさの等しい分数があることを知る。 ・分子が同じとき，分母が大きい分数の方が大きさが小さいことを知る。	月　日（　） わかった→ 教えた·教えられた→
6	○同じ分母の分数のたし算ひき算の意味を理解し，その計算ができる。	・式を考える。4/5+3/5の計算のしかたを考える。 ・同じ分母の真分数や仮分数のたし算ひき算の仕方をまとめる。 ・計算練習をする。	月　日（　） わかった→ 教えた·教えられた→
7	○同じ分母の帯分数のたし算の仕方を理解し，その計算ができる。	・1と3/5+2と1/5の計算のしかたを考える。 ・整数部分，分数部分どうしをたす方法と，仮分数になおして計算する方法があることをまとめる。 ・計算練習をする。	月　日（　） わかった→ 教えた·教えられた→
8	○同じ分母の帯分数のひき算の仕方を理解し，その計算ができる。	・同じ分母の帯分数のたし算の仕方をもとに，2と4/5−1と3/5の計算の仕方を考える。 ・帯分数の分数の部分がひけないときは，整数の部分からくり下げた1を分数になおして計算する方法と，帯分数を仮分数に直して計算する方法があることをまとめる。	月　日（　） わかった→ 教えた·教えられた→
9	○練習問題をする。	・「しあげ」に取り組む。	月　日（　） わかった→ 教えた·教えられた→
		・テストをする	

4年「分数のたし算ひき算」の学習計画表

例えば，左の図は4年生の「分数のたし算ひき算」の学習計画表ですが，6時間目から8時間目は計算をする内容なので最初に全体でやり方を確認しておけば，あとは教科書を見ながら進めいていくことが可能です。

ここで問題になるのが，**教科書を使いながら自分で学習を進める方法**をどうするか？ということです。

これについては，まず私がやってきた方法を説明します。私の場合はかなりざっくりしていて，**ノートに①教科書の問題を書く，②説明を書く，③大事な言葉やまとめを書く，④問題を解いていく**，ぐらいしか指示していません。もちろん，これは他教科での積み重ねもあるのでこの程度で済むわけなのです。あとは，ノートの書き方や学習の仕方を工夫している子を授業の最初に紹介していい方法を広める，ぐらいです。

他には，**学習計画表に細かく指示**する先生もいましたし，**黒板に簡**

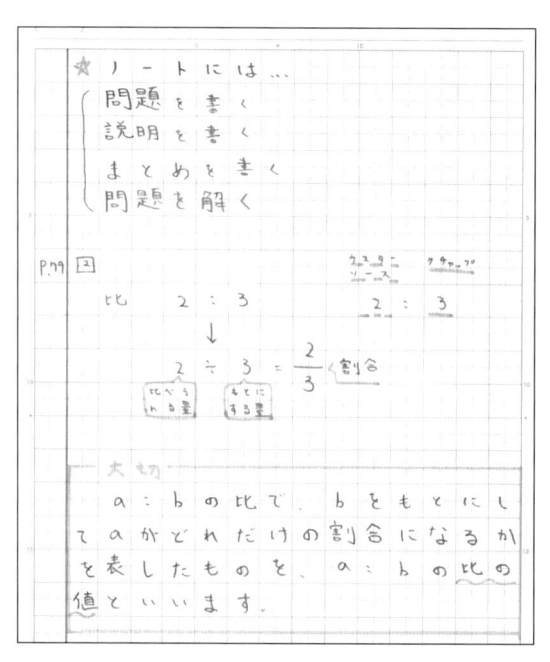

6年生の子のノート　最初に約束を書いている

単に書いて終わり，という先生もいました。**電子黒板にデジタル教科書を映して，どこを書くのか示している**先生もいました。（著作権の関係で表示できません。）

　いずれにしても「**自分の力をつけるためにやっている**」ということが**意識されていれば，それほど細かく指示しな**くてもいいように私は思います。でも，これは人によって違うので自分でチューニングしていくのが良いと思われます。

---

7 ｜ 単元内での個別最適な学び・協働的な学び

　ある程度長いスパンに慣れてきたら，いよいよ単元全部の段階に移ります。「どの領域だとできますか？」という質問もよく聞かれました。どの領域でもできます。強いて言うなら「数と計算」がやりやすいかもしれません。なぜかと言うと，概念形成・原理理解をした後は比較的ちょっとした内容の変化にとどまっている場合が多いからです。でも，やりやすいかも？程度です。どの領域でもできます。

　単元内で行う場合には，子どもたちと単元全体を見通す必要があります。どういう目標で，どういう内容があって，何時間扱いで，といったことです。

	A	B	C	D	E	F
1	単元名：		「分数のかけ算を考えよう」１４時間			
2	目安	確認チェック	学習課題		教科書問題	
3	5/25	☐	分数に整数をかける計算のしかたを考えよう。	☐	ｐ３４～３６	
4	5/26	☐	計算のしかたを考えよう。	☐	ｐ３７	
5	5/27	☐	分数を整数でわる計算のしかたを考えよう。	☐	ｐ３８	
6	5/28	☐	分子がわる数でわりきれないときの計算のしかたを考えよう。	☐	ｐ３９	
7	5/31	☐	どんな式をかけばよいか考えよう。	☐	ｐ４１～４２	
8	6/1	☐	分数をかける計算のしかたを考えよう	☐	ｐ４３～４４	
9	6/2	☐	計算のしかたをくふうしよう。	☐	ｐ４４～４５	
10	6/3	☐	計算のしかたを考えよう。	☐	ｐ４６（上）	
11	6/4	☐	かける数の大きさと積の大きさの関係を調べよう。	☐	ｐ４６～４７（上）	
12	6/7	☐	辺の長さが分数で表されているときも、面積や体積の公式が使えるかどうか調べよう。	☐	ｐ４７～４８	
13	6/8	☐	整数や小数のときに成り立った計算のきまりは、分数のときも成り立つかどうか調べよう。	☐	ｐ４９	
14	6/9	☐	積が１になるかけ算の、かけられる数とかける数を比べて、共通しているところを見つけよう。	☐	ｐ５０	
15	6/10	☐	「たしかめよう」と「つないでいこう算数の目」に取り組む。	☐	ｐ５１～５２	
16	6/11		テスト			
17			ふり返り			

Google スプレッドシートでの単元計画表

　見通すために単元計画表をつくる事例が多いようです。紙でもいいし，スプレッドシートでもいいです。ふりかえりの欄を設定している先生もいました。単元内での経験が少ないうちはつくった方がいいかもしれません。

　私は最初のころだけつくって提示していました。（Ｐ25参照）ある程度経験して慣れてくると，単元の最初のオリエンテーションで教科書をさらっと見て，「あーこれぐらいの量ね。」「これを〇時間でやるんだね。」と子どもたちは理解して見通しをもちます。それでも十分可能です。３単元ぐらいやってからは，単元計画表はつくりませんでした。しかし，あくまでも「慣れてきたら」です。

　「個別最適な学び」とは言っても，一斉指導がゼロになるわけではありません。単元の導入時は概念形成や原理理解をする時間になることが多いので，

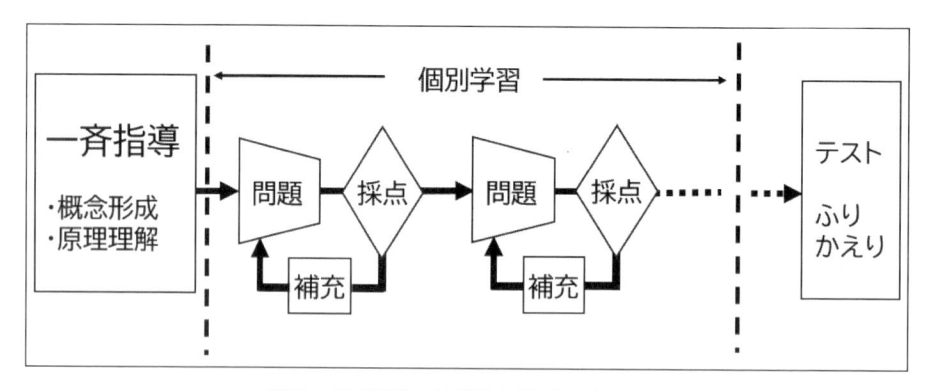

単元内個別最適・協働的な学びのイメージ

そこは一斉で行います。（ここで，構成的グループでの協働的な学びをすることもあります。）

　その後は，それぞれが自分のペースで進めます。学習時間を自分で決めることがメインの個別最適な学びになります。**「自由進度学習」と呼ばれることが多いのは，自分のスピードに合わせるから**です。分からないときは誰かに聞きます。また，自分に合った方法で進めます。動画を観てもいいですし，他の参考書を使ってもいいです。先生は子どもたちの学習の様子を見守り，声掛けをしたり指導したりします。

　基本的には教科書の問題で良いです。採点はできれば自己採点で，間違えたらやり直す，といったところは前述の通りです。

　こうした学習の進め方，流れは可視化することが大事です。話したことをずっと覚えていられる子どもは少ないです。いつでも確認できるように可視化しておきましょう。板書するだけでも十分です。実際，私はほとんどそのつど

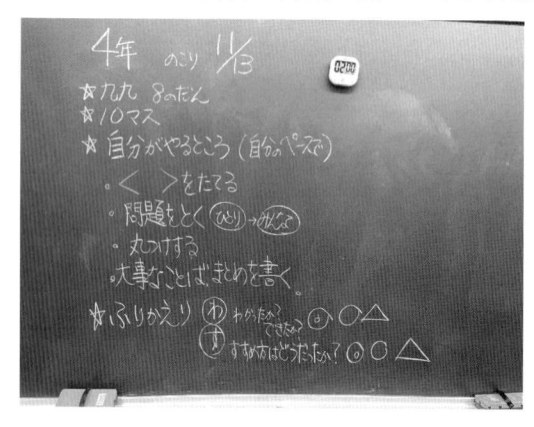

学習の流れを板書して可視化する

板書していました。

　最後にテストをして，単元全体の学びについて振り返ります。

　単元内の個別最適・協働的な学びで進めると，配当時間の6～7割で終わってしまう子どもがいるので，テストのタイミングも自分で決めることもありました。また，結果があまり芳しくないときは，自分から再テストをやろうとする子もいました。

　学習の振り返りのやり方についてはいろいろな方法とタイミングがあります。記述式，チェックを入れるだけ，記号で，毎時間，単元が終わってから，などです。詳しくは別項目で説明します。

8 ｜ 自己調整と診断

　単元内個別協働を進めていくうえで大事なのは，**子ども自身が自分の学びをコントロールする**ことです。**コントロールするものは，学習の質と時間**です。そして，コントロールするためには**自分の学びをメタ認知する必要があります**。自分の学びが上手くいって

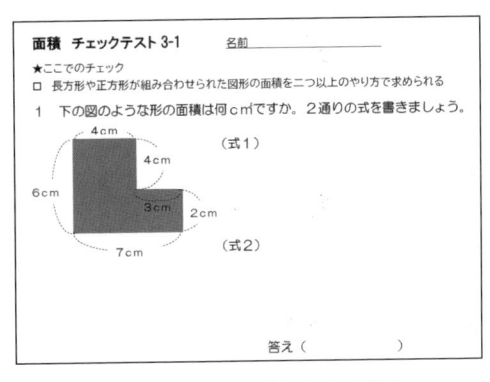

チェックテストの例（4年面積）

いるのかどうなのかを知らないと改善しようがありません。では，どうやってメタ認知するのか？

　もちろん，実際に問題を解いているときにも自分の出来具合について認識できることもあるでしょう。しかし，自分の力がどの程度なのか分からない子も多いのが実情です。そういう場合に一番シンプルなのは，**チェックテストをする**ことです。そこまでの学習内容が理解できたのか，技能が身に付いたのか，それをテストするのです。文字通り「試す」ことですね。（本

来の意味での「テスト」です笑）実際の授業では，先生が用意したものをやってみることになるでしょう。テストをしてみて正答率を知ることで自分の学習の良し悪しを知ることができます。ちゃんとできていればそのやり方を継続すればいいし，良くなければ見直しが必要です。どう改善するか，自分で考えてみます。どうすればいいのか分からなければ，友達に聞くか先生に聞くかしてアドバイスをもらえばいいです。

　学習時間についてはもっと分かりやすいです。今日は単元の学習の何時間目か確認し，このまま進めれば**配当時間内に終わるかどうか見当をつけます**。「このペースで進めれば期限内に終わるな。」「けっこう進んでいるから，今日は他の人の学習のサポートをしようかな。」「ちょっと遅れ気味だから今日は頑張って進めよう。」という具合に自分でこの時間の進め方を考えていけるといいですね。

9 | 終わらない子はどうする？

　「自由進度学習にして，時間がかかりすぎて終わらなかったらどうするのですか？」という質問もよく聞かれます。

　この問題ですが，そもそも単元の終わりごろになってから「終わりそうにないです。」と分かっていては遅いです。前項目でも説明しましたが，そうなる前に自分の学習の進度を調整する必要があります。自分の学習時間を調整するのはそういう意味合いがあるからです。

　しかし，やはり苦手な子は単元の最初の方から遅れ気味になってしまうことも多いです。ではどうしたらいいのか？いくつかの解決方法があります。

　一つ目は，**教科書の問題を間引く**ということです。「教科書の問題を全部やらなくていいのですか？」と聞かれますが，要は単元の目標が達成できればいいのですから，問題を全部する必要はないわけです。分かりやすいやり方としては，適用問題の数を減らす，というものがあります。教科書の適用問題は，いくつかの型があり，それが2，3個ずつ並んでいるパターン

がよく見られます。その中の一つだけをやるように伝えるのです。これで，けっこう時間短縮になります。

　二つ目は，やはり先生が**こまめに学習の進捗状況を確認**することです。進捗を確認しながら，励まし，進め方を助言していく，地味ですがそういうやり方を継続していくことで改善されることも多く経験しました。いつも見守ってくれていると実感できたら子どもも心強いです。

　三つめは，**宿題の代わりに算数の学習を進めること**です。おそらく大体の先生は，自主学習のようなものを宿題として出しているのではないでしょうか。それを算数の学習にしてもいいことにするのです。子どもによっては効果が薄いかもしれませんが，やらないよりはマシです。

　私は常々思うのですが，この「終わらなかったらどうする」問題も個別協働にしたから出てきた問題ではありません。これまでの一斉指導だったら単元が終わっても分からないまま放置されていたのではないですか？なのに，いかにも個別協働にしたからのように論じるのはいかがなものか，と思います。

---

10 ｜ 子どもたちの協働の仕方

　第1章の「協働的な学びを始めよう」でも説明しましたが，個別協働の学習で特に自由に交流する非構成的な協働をするときに，座席を移動して仲良しの子と学習しようとする子が出てきます。特に単元内の個別協働をするときによく見られる光景です。前述したように，

　メリットは，

　◇ **わからないときに聞きやすい**

　◇ **安心できる**

　◇ **話し合いしやすい**

　などが挙げられます。

　デメリットは

　◇ **関係ない話をして学習に集中できない**

座席を移動して学習する子どもたち

◇ 交流が閉鎖的になりがち（組んだ子としか交流しない）

◇ 仲良しが固まってしまうのでクラス内の人間関係が表面化する

などがあります。

　繰り返しになりますが，私はデメリットが表出する授業をよく見てきました。一部の子としか交流しない，できない，という学級集団は健全ではありません。もし，座席を移動してやるのであれば，事前にきちんと人間関係をつくっておいた方がいいでしょう。

　そして，これも前述しましたが，個別協働の経験が浅いのに座席はそのままで始めようとすると，活発な交流は行われません。なんとなく遠慮した空気が漂い，分からなくても誰にも聞けないまま時間が過ぎていくことも少なくありません。

　ですから，座席移動のデメリットを子どもたちと共有し，ルールづくりをするという解決方法がいいでしょう。大事なのは学習をして自分の力を高めることが目的であるということを見失わせず，子どもたちの意見も聞きながらつくることです。

　理想的には，必要があるときに，自分の問題を解決するために適した相手を見つけて交流することです。そのためには学級内の人間関係の醸成が不可欠です。人間関係のつくり方については別項目で少し紹

介していますが，本来これだけで何冊も書籍が出るほどですから，この本だけに頼らずたくさんの実践を集めることをお勧めします。

11 教師のかかわり

個別協働の授業をしていると，よく聞かれるのが「見取りはどうするのですか？」ということです。何度も聞かれました（笑）。決まって私が言うのは「一斉授業のときに見取りはどうしていましたか？少なくとも，**個別協働の授業の方が子どもたちを見取ることができます**よ。」です。

この「見取り」という言葉，いつから出始めたのが記憶にないですが，要は子どもたちの学習の様子を観察することですね。先生が黒板の前で話す時間が減るのですから，子どもたちの学習の様子を見る時間が増えるのは至極当然なことです。仮に一斉指導が授業の冒頭の15分だったとすると，残りの30分（中学校では35分）で子どもたちを見ることになります。

また，質的にも変わります。一斉授業での机間巡視（机間指導の場合もあります）の際には，書けているか，何を書いているか，ぐらいを見ていたのではないかと思います。しかし個別協働の授業では，何に取り組んでいるのか，どんなやり方をしているのか，どれぐらい進んでいるのか，誰とどうかかわっているのか，など観点が増えます。

ですから，子どもたちがそれぞれ学習を進めているときには，教室内をぐるぐると歩きながらよく観察するといいです。目安としては1時間に5周ぐらいです。あくまでも目安ですので，状況によっては変わるでしょう。それから，ときどき教室全体を俯瞰する時間も必要です。子どもたちがどう動いているかを見ることができます。

そして，一人一人の学習にフィードバックすることが大切です。進め方についてのアドバイスや他の子の学習の紹介，称賛，促し，など多岐にわたります。必要に応じて授業後にノートを回収してコメントを入れることもあるでしょう。（私は毎回やっていました。）授業時間中に見ることができなかっ

た子どもたちの学びの姿が見えるかもしれないからです。

このように，個別協働の授業をしていくと教師の役割は変わっていきます。**一番難しいのはマインドセット**でしょうね。これについては第3章で。

12 習熟・発展問題

教科書の問題が終わってしまった子には，習熟問題や発展問題を提供しなければならないこともあります。その際は購入しているドリルやＡＩドリルなどをするのが多いと思います。しかし，単調になりがちで飽きてしまうこともあるようです。よく理解できている子は余計に。まあそうですね。もう分かっていることを何度も繰り返させられたらただの作業にしかなりません。先生が何かを探して印刷するのも大変です。

じゃあ，どうするか？**ネットにある無料問題**を使いましょう。習熟問題はたくさん溢れています。これを印刷するのではなく，これを見ながら答えをノートに書いていくようにすれば，先生の手間はかかりません。（ちなみに佐々木学級の6年生たちは言われなくても勝手に自分たちで問題を探して取り組んでいました。）

発展問題については，その単元の発展，と考えると見つけるのが難しくなるので，**単元にこだわらずに算数の楽しさが味わえるようなものにする**といいと思います。私はそういう問題をよく使っていました。何人かで顔をつき合わせてあーだこーだ言いながら，夢中で取り組む姿がよく見られました。休み時間まで問題を解いていることもありました。多くの自治体が学力向上に取り組んでいるので，検索するといくつか出てきます。例えば，宮城県教育委員会が毎年実施している「算数チャレンジ大会」の過去問題がＨＰに載っています。

（https://www.pref.miyagi.jp/soshiki/gikyou/mathchallenge2023.html）

6年生対象で，なかなか歯ごたえのある問題ばかりです。

例えば「食塩○gに水を加え，○%の食塩水を作ろうとしたところ，水の

量をまちがえて〇％の食塩水になりました。このとき，加えた水の量を求めなさい。」のようなものです。

　大人でもすぐには答えが出せないようなレベルです。これぐらいになると，いわゆる算数の勉強に自信をもっている子は熱中します。

　また，「追究型」「パズル型」のドリルも巷で販売しているので，これを使うこともお勧めします。

　一つだけネタを紹介します。2年生以上であれば取り組めます。

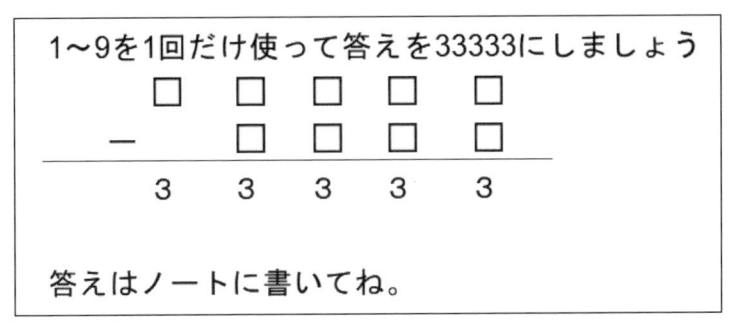

1～9を1回だけ使って答えを33333にしましょう

```
  □   □   □   □   □
−     □   □   □   □
  3   3   3   3   3
```

答えはノートに書いてね。

　※ヒント1：繰り下がりが2回

　※ヒント2：一番左上の数字は「4」

「ヒントほしい？」と聞くと「いらない！自分でやりたい！」という子と「ほしい～！」という子がいるのでそのときは個別に伝えます。

答え→

```
    4  1  2  8  6
−      7  9  5  3
    3  3  3  3  3
```

他にもいろいろありますが，紙面の都合上省略します。

13 アウトプットの活動

　発展問題を解く，という受け身の形ではなく，**アウトプット・表現する**，という形で行うこともおもしろいです。例えば，解説動画づくり，テスト問題づくりなどです。

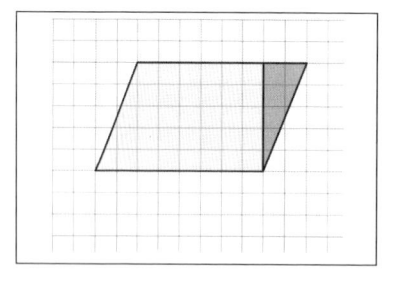

子どもの作成した解説動画

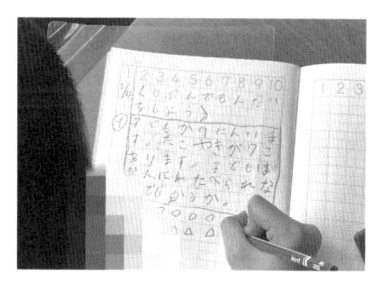

1年生の子の問題作り

　5年生の図形の面積の学習では，平行四辺形や三角形を等積変形して面積を求める方法を動画にする，という活動を行いました。動画にするには筋道立てて説明をする必要があるので学び直しにもなります。数学的思考力の評価にもなります。（動画はiPad なら iMovie で，chromebook なら Canva で作るのがお勧めです。）動画づくりの構成も自分たちで考えていきます。Youtuber さながらに黒板の前で説明する様子を録画する子，画面上でデジタルコンテンツを操作しながら画面録画する子，それぞれの個性が表れるのもおもしろいです。

　低学年でも動画はつくれますが，スキルが身に付いている子は少ないので問題づくりの方が適しているでしょう。問題づくりをすると文章題の構造をより理解できるというメリットがあります。つくれる，ということは理解しているかどうかのバロメーターになるのです。

14 　ふりかえりは

　個別協働の授業の目的の一つに「自立した学習者の育成」があります。そのためには**自分の学びをメタ認知することが大事**です。

　学習の振り返り方はいろいろあります。私の中には「これが正解！」というのはありません，今のところ。ということで，今自分が分かっていることを説明します。

まず，振り返りの観点は二つです。一つは**学習についての達成度**です。「わかった」「できた」等表現はいろいろですが，学習が理解できた，身に付いた，よく考えられた，というところからの見方です。もう一つは**学び方についての評価**です。進め方はどうだったか，うまくかかわり合えたか，集中できたか，などがこれに当たります。

　そして，振り返りの方法はいろいろあります。文章で書く，選択肢にチェックを入れる，記号（◎，○，△）で書く，などがあると思われます。また，タイミングもいろいろです。毎時間振り返りをする先生もいれば，単元の終わりにする先生もいます。

　「次の時間の学習をどうしていきたいか」という投げかけもあります。今日の学習内容と学び方の両方を振り返らないと，次にどうしたいかという見通しは立てられません。そういう意味でシンプルな言い方だと思います。

　どれに効果があるかは，授業内容と子どもの実態や教師の願いなどがあるので一概には言えません。ただ言えるのは，**本気で振り返らないと意味はない**，ということです。

　よく見られたのは，毎時間文章で振り返りを書くのにめんどくささを感じている子が，適当に先生に忖度するような内容をささっと書いて終わり，にしてしまうことです。じゃあ文章はやめた方がいいのか，というと文章の方がくわしく振り返ることができるのでこのやり方がいい，という子もいるでしょうから，どれがいい，とは言えないです。

　どのやり方でも大事なのは**継続することと振り返りの意義を子どもが認識できるようにすること**です。

3 概念形成，思考力育成はどうする？

　算数で個別協働の授業を実践しているとよく言われるのが「知識技能の獲得に偏りがちで，思考力の育成が不十分ではないのか？」ということです。

　確かに教科書をなぞるだけの自由進度学習ではご指摘の通り，知識技能の獲得に偏りがちだと思います。テストでも知識技能の観点の点数の伸びは見られても，思考の観点の方は大して変わらない，そういう声も聞いたことがあります。個別協働の授業を見ていると，決して思考が働いていないわけではありませんが，それは子どもによって取り組みが積極的だったり消極的だったりするので，思考力が働くのは限定的なものかもしれません。

　実際，私自身もそういう問題に直面した時期がありました。しかし，それは解決できます。

　解決方法はいたってシンプルです。教科書をなぞるだけ，のような学習を継続しつつ，その中に**思考力を働かせて活動する場面を意図的に入れる**，ということです。例えば，単元の導入の概念形成の場面で構成的な協働学習を取り入れるのです。単元内個別協働の学習計画に思考を発揮して活動する場面を入れるのです。

1 概念形成の場面で構成的な協働学習

　前作にも載せましたが，私は単元内個別協働であっても導入時は一斉だったり，構成的な協働的な学びをしたりすることが多いです。

　ここでは，私が単元導入時で行うことが多いフォーマットを使った学習について説明します。

① 問題場面の提示（2分）

② 問題場面の吟味と学習問題の提示（3分）

③ 個人解決（10分）

④ 構成的なグループ（3，4人）による協働解決（10分）

⑤ グループ間交流（5分）

⑥ 構成的なグループによる協働解決（5分）

⑦ 全体共有（10分）

2 単元導入時の学習例（5年「小数のわり算」）

① 問題場面を提示します。

　教科書の「リボンを2.5m買ったら，代金は300円でした。このリボン1mのねだんは何円ですか。」を提示します。

② 問題場面の吟味と学習問題の提示をします。

　立式し，わり算であることを確認。それから『これまでと違うところはどこですか？』と問います。割る数が小数である，というところが既習事項とは違います。学習問題「割る数が小数のわり算のやり方を考えよう。」を提示します。

③ まずは，個人で考えます。「割る数と割られる数をそれぞれ10倍して計算する。」「0.1mの値段を求めて10倍する。」などが出るでしょう。もちろん，まったく分からない子もいるはずです。10分時間をとりますが，考えを書き終わった子同士で

構成的なグループによる問題解決の場面

意見を交流することも可とします。

④　構成的なグループによる協働での問題解決です。それぞれ，自分の考えを説明して質問を受けたりします。いろいろな考えを知ることで学習が広がったり深まったりする場面です。話し合いの観点は，共通しているところを見つけることです。

⑤　他のグループとの交流です。「特派員」という協同学習の手法を使います。残るメンバー，聞いてくるメンバーを分担します。「じゃあＡさんは残って説明役ね。」「Ｂさんは１，２班。Ｃさんは４，５班に聞いてきて。」といった感じです。

⑥　聞いてきたことをもとに，再度グループで話し合います。いろいろな意見の共通するところを見つけていきます。

⑦　最後に，グループで話し合ったことを発表し合い，全体で共有します。そして，どのやり方も『整数の計算でできるように考えると答えを求めることができる。』という共通点があることをまとめます。

グループ内での協働にとどまらずに，グループ間でも協働するところがポイントです。一斉授業では発言が限られるような問題解決場面ですが，グループでの話し合いをメインにすることで，全体の前では発言できないような子の考えも活かせます。また，先生の話が短くなるので子どもたちが考えて話し合う時間が多く取れます。

3　自由進度学習の中に思考を働かせる活動を入れる

　思考力を働かせることは自由進度学習の中でもできます。例えば，「この問題の解き方を説明する。」といった学習活動を入れるのです。

　よくある複合図形の面積や体積を求める問題で，単に答えを求めるだけでなく，「求め方を説明する。」という課題を入れます。そうすると必然的に，自分の考えを伝えるというアウトプットをしなければなりません。

アウトプットの方法は，ノートに文章で書く，説明動画にする，先生に口頭で説明する，などいろいろあります。いずれにしても言語化する必要があります。この「言語化」が大事だと私は思っています。いわゆる「筋道立てて」をしなければならないからです。

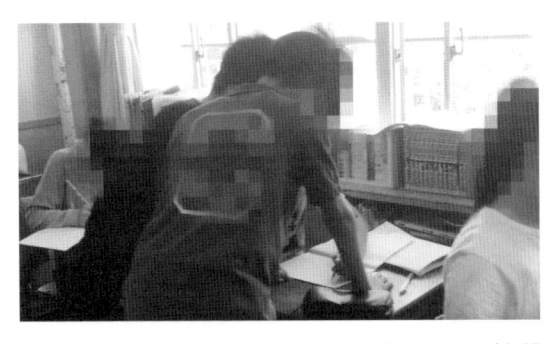

自然発生的に行われる話し合い。前と後ろの子は別な問題に取り組んでいます。

　この言語化をするときに，子どもたちは自然と集まってきて話し合いを始めます。それは考えの共有であったりブラッシュアップだったりします。ここで，思考力が働くのだと私は思っています。実際の授業では，だいたい進度が同じぐらいになっている子同士が集まって話し合う場面を多く見ました。また，すでに終わっている子が教えることもありました。分からない子にとっては考え方のバリエーションを増やす機会になるし，分かっている子にとっては学習内容を強化することにもなります。

　一斉授業で先生が刺激しながら考えさせないと思考力は働かない，と思っている方もいるようですが，ついていけずに困っている子もいるかもしれない，という危惧を常に忘れないでほしいですね。

4　算数実践例

1　2年生「1000より大きい数をしらべよう」

1 | ねらい・授業のポイント

　「10000までの数についてその意味や表し方を理解し，数の概念について理解を深め，図や式を用いて考える力を養うとともに，十進位取り記数法の仕組みを数学的表現を用いて考えた過程を振り返り，その良さに気付き今後の生活や学習に活用しようとする態度を養う。」というのがこの単元のねらいです。これまで1000までの数についての概念を10000までに広げる，ということです。

　このときのクラスは初任の先生（講師経験1年）が担任していました。特性の強い子が多く，一斉授業はなかなか難しい感じだったので1学期の途中から部分的に個別協働を取り入れてきました。私はT2です。

　それから，集中を促すために5〜15分の活動（ユニットと呼んでいました。）を組み合わせて45分の授業をしていました。

　この実践は3学期のものです。個別協働の時間を2〜3時間に広げ，練習問題を増やして学習しました。また，楽しく10進法を理解できるように，授業の冒頭にはカードゲームをするといった工夫もしました。

2 | 授業展開例

①　単元の3時間目です。学習の流れ，学習の仕方を板書しながら伝えます。この日は，10マス計算→カードゲーム→教科書のP58〜62の問題→自分で丸つけ→タブレットでAIドリルをする，という流れです。

②　10マス計算をします。この日は6，7，8の段のかけ算をしました。

10マス計算は100マス計算の一列分だけを使って行うものです。100マスよりもかなり短い時間でおわります。

③　カードゲームをします。3，4人のグループで行います。1，10，100，1000，10000の数が書かれているカードを裏返しにして重ねて，じゃんけんで順番を決めて1枚ずつ引いていきます。引いたカードは表にして並べます。引いたカードの合計が一番多い人が勝ちです。このゲームは十進法を体感するのに効果的です。

④　カードゲームが終わった子から，教科書の問題をとりかかります。分からないときは誰かに聞きます。このクラスは机を動かしません。非構成的な協働で学習が進んでいきます。早く終わった子が丁寧に教える姿も見られます。

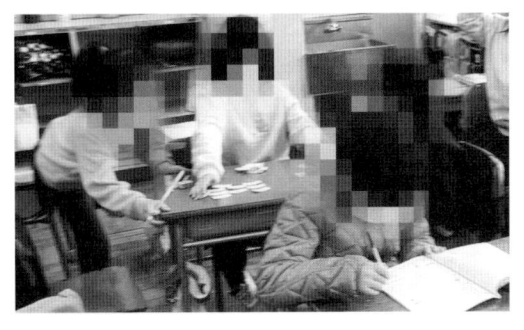

後の子たちはカードゲーム，手前の子は教科書の問題に取り組んでいます

⑤　特性が強い子が数人いましたが，やることがはっきりしていて，自分のペースでできるのでよく集中して取り組めています。

⑥　それが終わった子は自分で丸つけをして，タブレットでAIドリルを始めます。

⑦　最後にふりかえりをノートに書きます。「だいぶ進んだー！」という声が聞こえたり，「時間だよー」と言われても問題を解いていたり，ポジティブな姿が見られました。

　低学年では先生が教えないと子どもはできるようにならない，と思っている方もいるかもしれません。しかし，この実践を見てもらえば分かる通り，2年生でも，初任の先生でも，特性の強い子がいても（というか，だからこそ，なんですが。）個別最適な学び・協働的な学びは実践できます。

2　4年生「広さの表し方を考えよう〜面積〜」

1　ねらい・授業のポイント

　「平面図形の面積に関する単位について理解し正方形や長方形の面積を計算して求めることができるようにするとともに，数学的表現を適切に活用して面積の求め方や面積の単位と既習の単位との関係について考える力を養う。」というのがこの単元のねらいです。

　ここまで，このクラスでは最初は一単位時間内の個別協働に取り組み，その後単元内個別協働に移行し，このやり方に十分慣れていました。取り組みにグラデーションはあるものの，ほとんどの子どもは自分がやることを見通して取り組めるようになっていました。

　しかし，教科書の問題をずっと進める単線型（私はマラソン型と呼んでいました。決められたコースを自分のペースで走るのと同じなので。）では学びの広がりや深まりが出にくいと感じていました。そこで，この単元では複線型（登山型：ゴールは一緒だけど登るルートはそれぞれで。）を試みました。子どもたちには左にあるような手引きを渡しました。

　この進め方のポイントは二つあります。一つ目は，何を使っても良い，ということです。つまり教科書でなくても良いのです。二つ目はチェックテストを受けて自分の出来具合を判断する，ということです。チェ

```
4年算数　面積の学習の進め方
教科書P62〜81　11時間

この単元のゴール
□ 面積とは何か説明できる
□ 1㎠の大きさが分かる，かける
□ 長方形，正方形の面積を求める公式を言える
□ 長方形，正方形の面積を求める公式がなぜそうなるのかを説明できる
□ 長方形，正方形の面積を求めることができる
□ 面積から，たて・よこの長さが求められる
□ 長方形や正方形が組み合わせられた図形の面積を二つ以上のやり方で
　求められる　やり方を説明できる
□ 大きな面積の単位をちがう単位にできる。
　　　　　　　　　　　（1㎡＝○㎠，等）
□ たて・よこの長さと面積の関係をグラフに表すことができる

★ オプション（やってもやらなくてもいい問題）
　・1㎡を身の回りの物でつくる
　・1aを校庭にかく

進め方
◇ まとめとページ部分は必ず書く。
◇ 教科書，プリント，ホームページ，動画など，どれで学習してもよい
◇ ゴールに書いてあることが分かる，できる，でOK
　　　　　　　→チェックテストを一発合格すること
◇ プレテスト問題で最終チェック→本テストへ→再テストを受けてもよい
```

ックテストに合格したら，手引きに印をつけます。チェックテストを一度受けてダメだったら，もう一度学習し直して再度受けます。ここが大きな変更点です。

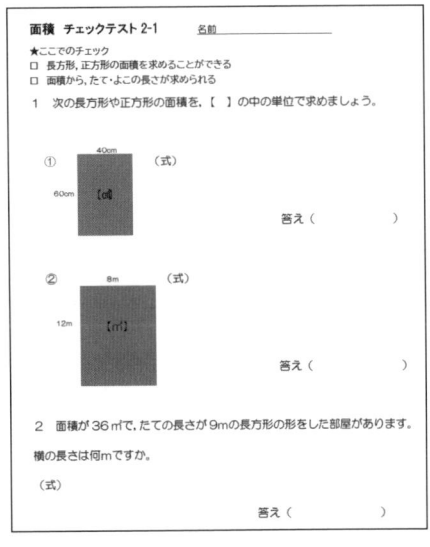

チェックテストの例

2 授業展開例

① 単元の5時間目です。この日は先生のミニレッスンから始まりました。面積の公式を復習しています。だいたいの子はよく覚えていますが，中にはやや記憶が怪しい子もいます。それでも，近くの子に励まされながら頑張っています。

② それぞれの学習が始まります。一人で取り組む子，誰かと一緒にやる子，教科書を使う子，タブレットを使う子，様々な取り組みが見られます。ずっと同じ子といっしょにいるわけでもなく，時間がたつと一人で取り組み始める子もいます。

③ チェックテストをするタイミングは自分で決めます。自己採点して，間違いがあった子は，先生のところに行き，アドバイスをもらおうとしています。

④ あっという間に時間が過ぎ，終わりごろになり，先生から「そろそろ振り返りをしてね。」と声がかかりました。子どもたちはノートに文

章で振り返りを書いていきます。そして，終わりの礼はせずに授業が終わります。

授業の様子。タブレットを見て相談しています。

　教科書以外のものを使うことに不安を感じるのか，他のものだけを使う子はあまり多くありませんでした。いつもよりタブレットでいろいろなプリントは使っていたので，そういう広がりは見られました。また，動画を観て学んでいる子もいました。

　チェックテストは有効でした。子どもたちは自分の力を確かめるために積極的でしたし，自信をつけるのに役立ったようです。

5　佐々木学級の子どもたちの算数の学び方

　最後は，担任したクラスの子どもたちの算数の授業の様子です。授業の進め方は次のとおりです。

① 　導入は教科書の範囲を読むことから。概略について説明を聞く。
② 　配当時間を知らされる。
③ 　基本的なことは一斉授業か構成的な協働で学習する。
④ 　原則としては教科書の問題をなぞる形で進める。
⑤ 　何を使っても良い。（動画を観ても良い。）
⑥ 　誰と相談しても良い。自由に移動して良い。ただし，机は移動しない。
⑦ 　ノートに書いても教科書に書いても良い。
⑧ 　問題は自己採点で。間違えたらやり直す。
⑨ 　習熟問題，発展問題は自分で探して行う。
⑩ 　テストを受けるタイミングは自分で決める。ただし，問題は他の子には教えない。
⑪ 　テストが終わらなかったら，次の時間に続けても可。
⑫ 　再テストを受けても良い。
⑬ 　ときどき先生からのミッション（思考力発揮タイプの問題）が出るので，それは必ずやる。
⑭ 　テストまで終わってから振り返りをする。
⑮ 　テストまで終わったら，学習であれば何をしても良い。

　これを読んだ先生方は，ゆる過ぎる，こんなので本当にちゃんと勉強するのか，とお思いでしょう。しかし，子どもたちはちゃんとやります。その理由はいくつかあります。

まずは，私が目的を伝えていて，子どもたちもそれを認識しているからです。もちろん，できてない子もいます。だからそういう子には個別に話をします。だいたいはそれできちんと取り組むようになります。

典型的な授業の様子。一人でやる子も一緒にやる子も。タブレットを使う子も使わない子もいます。

他には，**私が子どもたちとよく話をしている**ことです。授業時間はずっと誰かと話しています。それは進め方だったり，内容の説明だったりします。子どもたちの学びについてリアルタイムでフィードバックしています。とにかく，よく話をします。もちろん，**学級づくり，信頼関係づくりも大きく影響している**のは言うまでもありません。

授業の自由度が高いので，目的さえ共有できれば子どもたちは自分で創意工夫します。そうした中で，質の高い学びが生まれていきます。

olumn

探究の話

2

個別協働の授業をしていくと，発展的な学習につながることが多々あります。特に社会や理科の学習ではそれが探究的に進めることができます。ここでは，5年生の振り子の学習での実践を紹介します。

「ふりこのきまり」の学習は，「振り子が1往復する時間は，おもりの重さなどによっては変わらないが，振り子の長さによって変わることを，実験を通じて理解する」のが主な内容です。

私の理科の授業は，グループ内は協働でグループ間は自由進度です。ですから，早いグループは配当時間のだいたい6割〜7割ぐらいで終わってしまいます。じゃあどうするか。ここで発展学習を「ミッション」として提示します。残りの時間はこれに取り組みます。

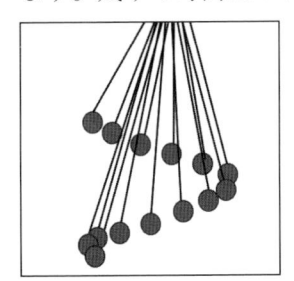 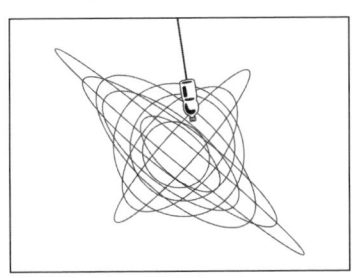 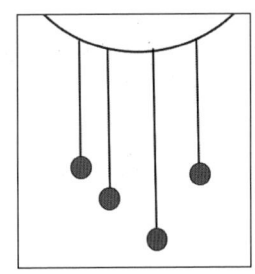

ペンデュラムウェーブ（左），リサージュ曲線（中），共振（右）

このときは3つ紹介しました。①ペンデュラムウェーブ，②リサージュ曲線，③共振，です。いずれもネットで調べるとどういうものかが分かります。子どもたちはそれを見ながら実験に取り組みます。必要なものも自分たちで準備します。もともと，授業の際にも教師の方から実験道具を提供していないので，子どもたちは慣れっこです。理科室内を探し回ったり，「こういうのないですか？」と私に聞いてきたりします。

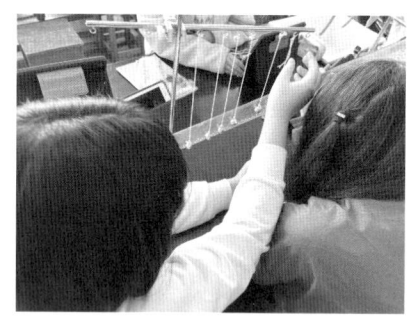

子どもたちの活動の様子

ペンデュラムウェーブに取り組んだグループはひたすらつるす紐の長さを調整しています。リサージュ曲線に取り組んでいるグループは，実験装置のサイズについて試行錯誤しています。共振を試しているグループは，長さ，重さを変えながら何度も実験を繰り返しています。

ここでの**試行錯誤や創意工夫がもっとも重要**だと私は思っています。この場面で子どもたちの思考力が大いに発揮されるからです。

トライアンドエラーをひたすら繰り返しながら，夢中になって活動します。ここが探究的なのです。目標に向かって，情報収集し，協働しながらいかに問題解決していくか，まさにこれは現代社会の問題を解決するプロセスとほぼ同様です。こうした経験はまさに生きる力に通じると思います。

教科書の内容が終わったら，そこから抜け出してもっと難しいことを，レベルの高いことを，おもしろそうなことを，どんどん「ミッション」として提示し，それを子どもたちが選んで取り組むことで問題解決能力が身に付いていく，そうした探究的な発展学習をたくさん経験できるといいのではないでしょうか。

個別最適な学び・協働的な学びを支えるもの

3

1 先生の考え方を変える, 役割が変わる

1 「先生が教えた方が分かる」という幻想

　授業の相談をしていると,「ここはきちんと教えないと……。」「おさえるべきことは……。」という声がよく聞かれます。この発言は決して間違いではないです。しかし, その「教える」こと,「おさえるべき」ことが多すぎるケースがよく見られます。

　「子どもに委ねる学びをしていく必要がありますね。」「個別最適な学びを取り入れていくことが重要ですね。」ということを言う先生も増えてきました。しかし, マジョリティではありません。まだ, 一斉指導の方がいい, と思っている方がいます。

　これまでの「当たり前」を疑ってみてください。

　教育現場には,『子どもは自分では学べない』『教えてあげないとできない』という学習観が残っています。しかし, 教師の期待通りの知識を構成する子どもは少数に過ぎません。そこで教師はますます教え込みと確認情報による学習の管理へと傾斜し, それが学習者の意欲の減退をもたらす, という悪循環を生み出しているのです。

　「先生が教えた方が分かる。」これはある種の幻想です。本当にそうですか？子どもたちは本当に分かっていましたか？そう見えていただけではありませんか？先生に忖度していただけではありませんか？

　これを読んでいる先生方, 悉皆の研修会でどこぞの偉い講師の先生の話を延々と聞いた方が自分の勉強になりましたか？それとも, 参加者でワークショップ形式の話し合いをした方が自分の勉強になりましたか？

受ける側になってみると分かりますよね。よほど話に興味があるか，話し方が上手でないと，ずっと話を聞いているのは苦痛ですし，そもそも自分の中に残るものが少ないのではないでしょうか。

　子どもたちも同じです。第1章でラーニングピラミッドの話をしましたが，「聞く」というのは一番下です。つまり，聞くだけでは学びが身に付きにくい，ということです。少しの発問や活動があったかもしれません。しかし，コントロールするのは先生です。内容を先生が決め，やり方も先生が決め……。子どもたちはずっと受け身です。

　しかも，これも第1章でも説明したとおり，これからの社会はVUCAの時代，予測不可能な時代です。受け身の学習しかできない子どもではなく，自分から学びに向かう子を育てる必要があります。それなのに，いつまでも先生に教わる授業をしていていいのでしょうか？

　今までの授業は「魚を与える授業」でした。これからは「**魚の取り方を教える授業**」にしていくのです。つまり「コンテンツベースの学習」から「**コンピテンシーベースの学習**」への変換が求められているのです。

**　学びを子どもに委ねる覚悟をもちましょう。**

**　学びのコントローラーを子どもに渡しましょう。**

**　「教えやすさ」から「学びやすさ」へ授業を変えましょう。**

　この覚悟こそが，これからの教師に求められることです。

学びのコントローラーを子どもに渡す授業になると，教師の役割も当然変わってきます。前作「個別最適な学び×協働的な学び×ＩＣＴ入門」でも，教師の役割が変わってくることについて述べています。

「教えない教師はなにをするのか？」そう思われた方も多いのではないでしょうか。「教える」という行為はゼロにはなりません。量が減るだけです。

では，「個別最適な学び」「協働的な学び」で，教師は何をするのでしょう？

それは，一言で言えば**「授業をデザインすること」**です。

もう少し具体的に

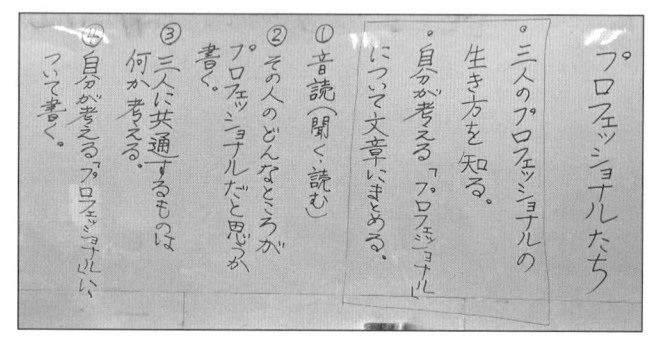

国語の授業の流れを板書（目標と流れを書いています。）

言うと，**子どもたちがどのような学習をする**のか，そのシステムを設計することです。

他にも教師の役割はあります。それは，**子どもたちの学習の様子をよく見ること**です。学習の進み具合はどうか，理解できているかいないか，子ども同士でうまくかかわり合いながら学べているか，他に必要なことはないか，机の配置はこれでいいか，本当に多くのことを見て回ります。もちろん，教えたりもします。「ああ，いい考え方だね。」「ここはこうした方がいいかもね。」と，声掛けもします。

と，書いていくと，「『個別最適な学び』『協働的な学び』の授業の方が，教師のすることは多くなるのではないですか？」と思われるかもしれません。

しかし，量的に増えるのではなく，質が変わるだけです。

　そして，一斉指導ではよく見えなかったものが見えてきます。それは子ども
たちの「学び」の様子です。黒板の前で話していた時に比べて圧倒的に見
えるようになります。この見取りを丁寧に行うことがとても大事になってく
るのです。今，この子はどんな学び方をしているのか，あの子はどういうか
かわり方をしているのか，このグループはうまく話し合いが進められている
のか，それを把握しながら，次はどうするか？を考えていきます。その時間
内にできることは？次の時間にはこうすると良いのでは？このアイディアは
違う教科でも生かせるか？いやいや，この子にこう言うといいのかも。こう
やって授業デザインを修正し，進化させていくのです。

　教師の役割は他にもあります。前掲のものも含めて整理すると次のように
なります。

ティーチャー	◇　学習内容や学習方法を教える。 ◇　全体指導と個別指導を行う。
ファシリテーター	◇　環境設定をしたり，活動のフレームを提示した 　　りする。 ◇　活動が成立するように全体を調整する。
コーチ	◇　個々の子どもの学びを支え，自主性を促す。 ◇　個々の子どもの学び方を励ましたり，成果を一 　　緒に喜んだりする。 ◇　個々の子どもの学びについてフィードバックす 　　る。
ジェネレーター	◇　活動の中に入り，一員として振る舞う。 ◇　活動の一員として提案をする。（決定権はない）

　「コーチング」という言葉を聞いたことがある方もいらっしゃるのではな
いかと思われます。もともとはスポーツの世界で行われていたことを，企業
などで人材育成や組織改革の場合も使われるようになった用語です。教育の

場でも注目されるようになり，自立した学習者を育てる意味でも有効であると考えられています。「こうした方がいいんじゃない？」と言うよりも，「なにが問題だと思う？」「どうすればいいだろうね？」というような会話から，子どもの中の潜在的な能力や考えを引き出していくようにしていきます。最終的には，子どもが自立した学習者としてレベルアップすることがゴールになります。

これまでも述べてきた通り「個別最適な学び」「協働的な学び」を取り入れる目的は，自立（自律）した学習者を育成することです。自立するとは自分で自分の学びをつくれるようになることです。ですから，**授業では子どもたちの試行錯誤や創意工夫が十分にできるようにすることが重要**です。

よく，子どもがつまずかないように，失敗しないようにと周到に準備する先生がいます。たくさんのヒントやカラフルな掲示物，豊富に準備された材料，細かく指示がある場づくり……。子どもたちはレールの上を走るだけです。それはかえって子どものためになりません。

私はこういう授業を見るたびに，「もっと失敗させればいいのに。」と思います。人は失敗から学びます。「あ，こうするとうまくいかないんだな。」と気付きます。この繰り返しが大事です。

私の場合，私自身はほとんど準備しません。必要なものは子どもが準備します。理科の授業だと，「先生，こういうのありますか？」と聞かれたら，「ああ，あそこにあるよ。」と言うだけです。子どもたちは理科室のどこからか自分で持ってきます。（危険なものだけは私が扱います。）ですから，子どもたちは理科室のどこに何があるかをよく知っています。だんだんに子ども同士で「これ，どこにあるの？」「あ，それならあそこにあるよ。」と教え合うようになります。そして，使い方は自分で教科書を使って調べます。

一回ぐらい失敗したからといって，学びが終わるわけではありません。むしろその失敗から，次どうするか考える子どもを育てるべきです。授業には，そういう余白，子どもたちが工夫する余地が大事だと私は思います。

3 先生の話は大事

　個別最適な学び，協働的な学びをするときには，教師だけでなく子どもたちも学びに向かう気持ちを変える必要があります。例えば，どういう学び方がいいのか，なぜこのような学び方をするのか，などです。こうしたことを伝えることはとても大事です。前作でも述べましたが，私が子どもたちに話してきたことを紹介します。

「自分を成長させられるのは自分だけ。」

　おそらく，これを一番多く言ってきたと思われます。「いくら，親が，先生が，『勉強しなさい。』『頑張りなさい。』と言っても，結局やるかやらないかを決めて，実行するのは自分なんだよね。だから，成長させるのは周りじゃなくて自分。自分しかいない。」

　これとは違う言い方ですが，次のような話も。

「あきらめたらそこで成長は止まる。」

　某漫画の先生の言葉を少し変えたものです。（実際は「試合終了」とも言ったりしていましたが（笑）。）「スポーツでも音楽でも当たり前のことだけど，練習しなけりゃ上手にはならないよね。努力する人だけが成長するわけです。勉強も同じだよ。だから，努力すること，頑張ることをあきらめたらそこで成長は止まる。みんなは，これ以上自分の力がつかなくてもいいと思ってる？」

「高い山に登るのは大変だけど，登った人だけが頂上からの景色を眺めることができる。」

　これは運動会や学芸会などの行事のときにも言う言葉です。「高い山があります。登るのは大変です。いやになることもあるでしょう。しかし，一歩

一歩足を前に進め，頂上までたどり着いた人だけがそこからのいい景色を眺めることができるのです。低い山で満足していていいのですか？」学習でも同様なことが言えます。やり遂げたときにだけ味わえる達成感。それが頂上からの景色です。

「できるのがえらいのではなく，できるようにがんばるのがえらい。」

オリンピックとか高校野球とかを例に出して言うことが多いです。「みなさんはオリンピックを見たことがありますか？いつも何人かの日本の選手がメダルを獲得していますね。でも，中にはメダルを取れなかった人たちもいました。この人たちは，だめな人なのですか？」首を振る子どもたち。「そうですね。メダルが取れるように頑張ったのですね。努力をしたのです。それはとても素晴らしいことです。勉強も同じです。今はできなくてもできるようにがんばること，それがえらいのです。」

「やらされる３時間より，自分からやる30分。」

元祖ミスター・ラグビーの松尾雄治さんの言葉です。やらされることは身に付きにくく，自分で進んでやった方が身に付く，ということです。（スポーツ選手は練習に関してたくさん名言を残していますね。）

「成功の反対は何もしないこと。」

これも，よく聞く話ですね。「みんなは成功の反対は何だか知っていますか？失敗？いいえ違います。それは何もしないことです。失敗してもそこでなぜ失敗したのかを考えて，もう一度挑戦すれば成功につながるかもしれません。挑戦したから失敗することもあるのです。何もしなければ，失敗しませんが成功もしません。みんなはどっちの人ですか？失敗しても挑戦する人？失敗するのが嫌だから何もしない人？」

「学習に日頃の人間関係を持ち込まない。」

これは，非構成的協働を行う時に見られる光景について言う言葉です。ランダムに意見交流をすると，よくあるのが特定の仲良しの子としか話さない，男子同士女子同士としか話さない，ということがよくあります。「このクラスには，32人の人がいますね。自分を除くと31人。つまり，31通りの意見を聞くことができます。それなのに，いつも同じ2，3人の人の考えしか聞かないのはもったいないです。いろいろな考え方を知ることはみんなの学びを広げたり，深めたりします。仲がいいとか仲が悪いとかいう日頃の人間関係を学習に持ち込まないようにすると，みんなの学びはもっと良いものになります。」

「情けは人の為ならず」

有名なことわざです。「『情けは人の為ならず』ということわざを知っていますか？このことわざの意味を，親切にすることは人のためにならないと誤解している人がいるのですが，本当の意味はそうではありません。これは，誰かに親切にするとその誰かがまた誰かに親切にする，そしてその誰かがまた違う誰かに親切にする，それがまわりまわって自分に返ってくる，だから人に親切にすることはその人のためではなく自分のためになる，という意味なのです。今，みんなで教えたり相談したりしながら勉強するやり方をしていますね。こうやって人のためにしているように見えて実は自分のためになっています。教え合ったり，話し合ったりするのが当たり前，みんなで協力しながら力をつけていこう，という雰囲気づくりがとても大事なんですね。」

こうした話がより子どもに浸透していくためには，日頃の信頼関係が大事です。子どもが先生を信頼していないところで，このような話をしても響かないからです。どうやって信頼関係を築くか，についてはまた別な機会に。

2 子ども同士をつなぐこと

1 個別最適な学び,協働的な学びでは,人間関係づくりが重要

　子ども同士のかかわり合いが限定的で,一部の子にとっては個別化が「孤立化」になってしまう授業をよく見ます。これは,子ども同士の人間関係が醸成されていないから起きる現象です。**個別協働の授業をするにあたり,大事なのは子ども同士の円滑な人間関係です。**話し合いや協力を重視する学び方ですので,当然と言えば当然のことです。個別最適な学び,協働的な学びは良好な人間関係によって効果が上がります。

　この,人間関係づくりですが,先生の声掛けレベルでは効果がありません。意図的に行われなければ,そう簡単に出来上がるものではないのです。では,どのようにしていけばいいのか？ここではそこについて説明していきます。

2 まずは日頃からの他者尊重

　プリントを配るときに,みなさんのクラスではどうしていますか？私のクラスでは,前の子から後ろの子に渡すときに必ず相手を見て「はい」とか「どうぞ」と言う約束になっています。もらう側の子は「どうも」とか「ありがとう」と言います。これは,有田和正先生の実践の一つです。定着するまではいちいち確認します。「今,はい,どうぞって言えた人？」「どうも,ありがとうって言えた人？」と聞いて,できていれば「よくできていますね。」できていなかったら,「あー残念だねえ。次はきちんと言えるようになろうね。」と言います。できていない子がすごく多いときにはやり直しすることもあります。

なぜ，こんな些細なことを重視して，いちいちさせるのか？それは，他者尊重の基本だからです。これを実践する前は，後ろを見ずに黙って渡す子，もらっても黙っている子，ひどいときには後ろの子と仲が悪いのか一人飛ばして渡す子，そんな様子が見られました。そういう他人に対するぞんざいな態度が1ヶ月も2ヶ月も続くとどうなるでしょう？こういう小さなところから，クラスにいる他者を尊重しなくてもいい，という意識が暗黙のうちに形成されてしまいます。いくら先生が「人に優しくしよう。」「思いやりは大事なことだね。」と言っていても，行動がこれでは改善されません。

私は子どもたちによく言います。「普通の社会で，人に何か渡すときに黙って渡す人っていますか？いたとしたら，それってものすごく失礼ですよね。みんなは黙って渡されたいですか？私はいやですよ。だから，みんなに渡すときも『はい』とか『どうぞ』って言います。」

これと並行して，係がノートなどを配るときにも「はい・どうも」を徹底するように声掛けします。それから，先生に何かを提出するときには「お願いします。」と言うようにさせます。これも，誰かに何かを頼むときには一言添えるのが礼儀，だと教えます。「なんか，厳しそうな感じがしますが……。」と思われる方がいるかもしれませんが，いいえ，全然そんなことはありません。むしろ，これが徹底することで確実に他人（クラスメイト）に対する態度は変わってきます。「お願いします。」を徹底すると，外に行ったときにお世話になる方（遠足のときのバスの運転手さん）にも，自然に言えるようになります。

まずは，ここから，です。そして，もちろんこれだけではありません。

3 話をする場面をたくさんつくろう

私が原稿やセミナー等で再三言っていることの一つに，子どもは一日のうちにクラスの子の2，3人としか世間話をしない，という話題があります。これは，学校法人軽井沢風越学園校長の岩瀬直樹氏から聞いたことです。こ

れを読んでいる先生方も思い返してみてください。クラスの子どもたちはたくさんの子と話していますか？休み時間は数人の仲良しとしか話していないのではありませんか？私のクラスも例外ではありません。よく見ていると，確かに数人の子と毎回一緒にいて話をしています。

このように一部の子としか話をしないことが続いていくと，授業でいざ協働的な学びをしようとしてもうまく話ができないし，そもそも**相手のことがよく分からない中では心理的安全性も低くなります。**こうした学級の状態ではトラブルが起こる確率が高くなります。他者理解をする機会が限られるからです。

私の経験上，「きらい」の原因は「知らない」からだと思います。相手をよく分からないままに，印象や自分の一方的な見方で，「こういう人だ」と決めつけてしまうのです。ネガティブな見方の方が上回ると，「きらい」になります。学級内の多くの人に「きらい」の感情をもつことになると，当然居心地は悪くなります。相手にネガティブな感情をもつと，その相手も自分にネガティブな感情をもっているのではないかと疑心暗鬼になることも多いからなおさらです。

だから，**子ども同士をつなぐ第一歩は話をする機会を増やすこ**とです。そういう機会は意図的につくらねばなりません。それも，できるだけ他愛もない話題の方が良いです。

4 アクティビティをする

道徳や学級活動の時間，朝の活動の時間などに，人間関係がスムーズになるようなアクティビティをします。前作でも紹介しましたが，読んでいない人もいると思うので再び紹介します。（内容は前作と同じです。）

✎ 「自分の中身」

これは，とあるセミナーに参加して教わったアクティビティです。進め方は次のとおりです。

（1）「中身」の作成。

① まずはB5，A4などの白い紙の真ん中に円を描いて，「○○○（自分の名前）の中身」と書きます。

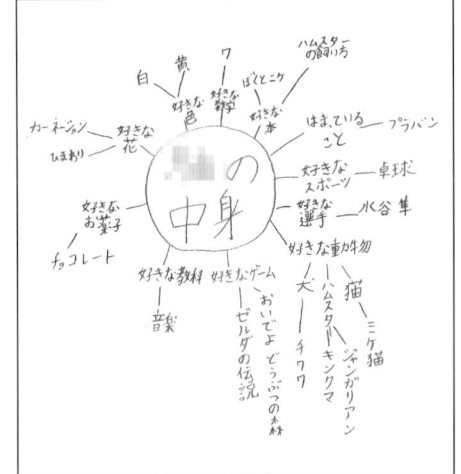

② そこからウェビングマップのように，「自分の好きな○○○」を書いていきます。○○○は食べ物でも，スポーツでも，曲でも何でもです。

③ そのジャンルについてさらに詳しく書いていきます。例えば好きな食べ物がラーメンだったとしたら，何の味が好きとかどこのお店のが好きとか，枝の先端にいくにしたがって具体的にしていきます。

④ 大体半分から3分の2ぐらいが埋まったらOKです。

（2）「中身」についておしゃべりする。

① 隣の人とペアでしゃべります。

② 初めに必ず「よろしくお願いします。」とあいさつします。

③ まずは，右側の人の「中身」を話題にします。

④ その際は，左側の人が質問をします。「どういうところが好きなの？」「ここをもう少し詳しく教えて」などです。

⑤ 1分経ったら交代して，次は左側の人の「中身」を話題にします。

⑥ 左側の人の話題が終わったら1ラウンド終了です。「ありがとうございました。」と言って次の人とペアになります。

ここで，大事にしたいのは「全員と話す」ということです。前述のとおり**「子どもはほうっておくと，一日の中で２，３人の子どもとしかしゃべらない。」**からです。休み時間は仲良しの子と話すだけ，授業中は先生の話を聞くだけでは他の子と話す機会なんてありません。ですから，全員と話す機会をつくるわけです。こうすることでその子のことをよく知ることができます。**今まで知らなかった意外な一面が見られたり，自分との共通点が見つかったりします。よく知ること，話すことで心の距離が縮まります。そうすることで話しやすくなるのです。**自分の好きなことについて話すので盛り上がりやすい，というところもポイントです。

　全員と話せるようにするローテーションはいろいろありますが，私は次のようにしています。

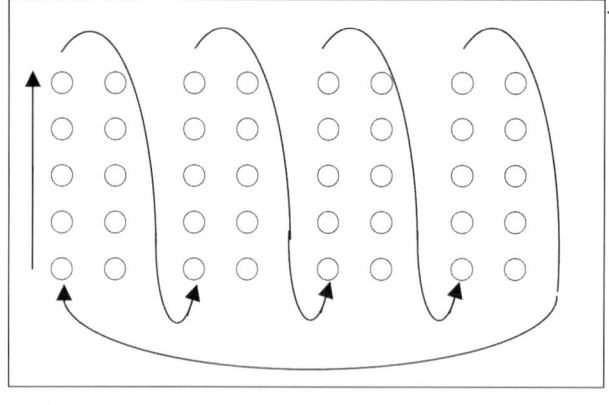

←５人で８列の例です。
前方に黒板があります。

①　右の列の子は動かない。

②　１ラウンド終わったら，左側の子はひとつ前に動く。

③　列の先頭まで行ったら，隣の列の最後尾に行く。

④　１周したら，縦の５人で順番に組み合わせる。

　（実際は，クラスの人数や机の配置によって変わってくるでしょう。人数が奇数だと，１ラウンド分相手がいなくて休みになることもあります。）

全員と話すのは45分間では足りません。このアクティビティは道徳や学級活動，朝の活動の時間など10分～15分程度を使い，何回かに分けて行いました。

「自分の中身」について話している様子

　話の聞き方も大事です。相槌を打つ，頷く，「そうなんだ！」「あ～そうだね。」などと共感する，そういうことを自然にしている子がいたら，それを取り上げて「今，○○○さんがしていたんだけど」と全体に広め，こうした聞き方は話している人が安心すること，話しやすくなることなどを伝えます。

　中でも**共感することは大事**です。人は他の人と何か同じものがあると嬉しくなるものです。「あ，同じだね！」この一言が実は大事です。

　私の場合，このアクティビティを年度初めと2学期の中間ごろの2度行うことが多いです。なぜなら，**人の好みは変わっていくし，人間関係も変わってくる**からです。2学期の中間にこだわらず，行う時期はクラスの実態に応じて変えていっても良いでしょう。

よいところさがし

　グループエンカウンターのアクティビティの一つです。ご存じの方も多いでしょう。ある意味ベタな手法ですが，意外にこれが効くのです。

　やり方はシンプルです。クラスの子のいいところを書く，それだけです。書き方はいろいろあります。私が行ったのは次のような方法です。

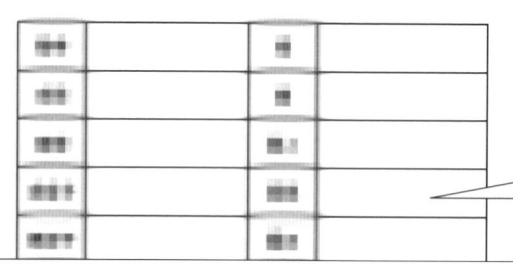

自分の名前を書く

さんのよいところ

①名前を書く欄，クラス全員の名前の欄を入れた用紙をつくります。

②この用紙を自分の席の机の上に置いておきます。

自分の名前の欄にその子の良いところを書く。

③みんなで教室内を回りながらその子の良いところを書いていきます。

　これも「自分の中身」と同じように，道徳や学級活動，朝の活動の時間に10分から15分程度，何回かに分けて行います。

机を回ってよいところを書いています。

✏ ペーパータワー

　さらに，「チームビルディング」（組織形成）のために開発されたアクティビティもあります。これは一つの課題についてグループで相談して解決する，というアクティビティで**メンバーとの協力の大切さに気付いていくことをねらい**としています。私が経験したアクティビティでは「ペーパータワー」「ストロータワー」があります。どちらもメンバーと相談しながらアイディアを出し合い，できるだけ高いタワーをつくる，というものです。

ペーパータワーは次のように行います。

① グループ（3または4名）で協力してできるだけ高いタワーを一つ作る。（ただし自立すること。）

② A4コピー用紙30枚を使える。

③ 道具は一切使わない。ただし紙は手で破っても良い。

四角柱に折って重ねています。

④ 作戦タイムでは1枚だけ紙を触って相談できる。

⑤ 作戦タイムを15分，製作時間を5分とる。

⑥ 製作したタワーの高さを測定。

⑦ 活動の振り返り（協力性について良かった点，悪かった点を出す。）を行う。

作戦タイムでは，四角柱を重ねようとするグループ，円柱を重ねようとす

紙で作ったパーツを重ねています。

るグループ，できるだけ細くして上へ伸ばそうとするグループ，様々なやり方が見られました。この時のクラスでは，日ごろあまりクラスに協力的でない何人かの子が積極的に活動する姿が見られ，効果を感じたことをよく覚えています。

心理学者のタックマンが提唱した「**タックマンモデル**」では，チームが機能する（成果が出せる状態になる）までを4つの段階に分けたフレームワークを示しています。時間の経過とともに，チームに起こる変化やパフォーマンスの状態を，それぞれの成長過程に表したものです。この**タックマンモデルを理解して意識的に活用することができれば，効果的**

な組織形成（チームビルディング）の実現が可能になるのです。集団としては，「**フォーミング**（チーム形成の始まりの段階で，周囲の様子を伺いながら，自分の位置存在を確認する時期)」，「**ストーミング**（徐々にチームに対して意識が向く段階で，互いに気を遣うものの，成果は出ていない時期)」から「**ノーミング**（課題を解決する中で，成果に向かってベクトルをあわせることができるようになるが，成果に対する意識はバラバラな時期)」となり，ここから，「**トランスフォーミング**（ゴールを皆で共有し，自分の働きを明確にして，信頼の中で成果に向かう状態。チームとして最大の成果を創造しようとしている時期で，意識・エネルギーは全て成果に向けられる。)」に向かいます。

ふわふわ言葉とチクチク言葉

　子どもたちは，ひどい言葉を平気で使います。今の子どものことばかり言われていますが，昔もやはりひどい言葉を使っていたと思います。しかし，昔と今の何が違うかというと，それは言葉への「耐性」です。今の子どもは少しの言葉にひどく傷つきやすくなっているように思えます。

　温かい人間関係をつくるためには，冷たい言葉をなくし，温かい言葉遣いを多くしていくことが必要です。教室に温かい言葉があふれるようにするために次のようなアクティビティを行います。どちらかというと，低・中学年にお勧めです。

① 模造紙（ピンク色がいいです。）に，大きくハートを描きます。
② 子どもたちにＡ５の白い紙を配付します。
③ Ａ５の紙を半分に折り，左側に言われてうれしかった言葉を，右側に言われていやだった言葉を書きます。
④ 一人ずつ，言われていやだった言葉を発表していきます。その言葉は，模造紙のハートの外側に書きます。
⑤ 同じように，言われてうれしかった言葉を発表していき，それをハートの内側に書きます。

言われてうれしかった言葉は

> ありがとう，がんばれ，ドンマイ，いっしょに遊ぼう，だいじょうぶ，
> やさしいね，すごいね，おめでとう，ごめんね

などです。
反対に言われていやだった言葉は

> うざい，死ね，消えろ，アホ，バカ，キモイ，こんなこともわからない
> のか

などです。
そして次のように話します。
「ハートの中に書いたのは，心を温める言葉です。みんなも言われてうれ
しくなったり，温かい気持ちになったりしたのではないでしょうか。反対に，
ハートの外に書いたのは，心を冷やす言葉です。言われて頭にきたり，悲し
くなったりしますよね。このクラスには，どっちの言葉を増やしていきたい
ですか？」
「温める言葉の方」と口々につぶやく子どもたち。
「そうですね。こういう言葉が増えると，みんなの心が温かくなって，も
っとみんなが仲良くなっていいクラスになっていきますね。ハートの外の言
葉をなくしていきましょう！」
と，言いながら，はさみでジョキジョキとハートの形に紙を切り，心を冷
やす言葉が書いてあるものを切り離し，ぐじゃぐじゃに丸めて，ごみ箱に捨
てます。
一瞬，「え！」という反応がありますが，すかさず
「もうこのクラスから心を冷やす言葉はなくなりました！」と宣言。
「これからは心を温める言葉を増やすことを心がけましょうね。」

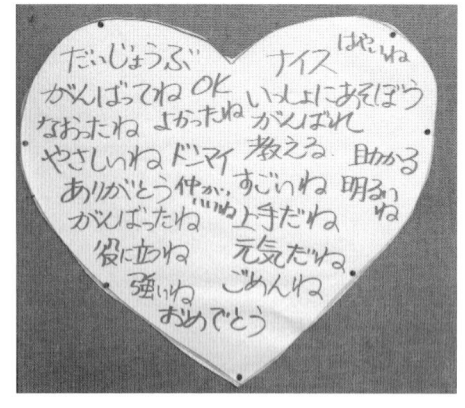

と授業を締めくくります。

このハートの紙は教室内に掲示しておき，いつでも意識できるようにしていきます。

もちろん，これだけでいやな言葉が完全になくなるわけではありません。大事なのは，**こうした活動をしたことで，その事実が言動のよりどころになる，**ということです。いやな言葉を聞いたときに「ほら，これ，やったよね？みんなでなくそうって約束したよね？」と気付かせる材料になるところが重要なのです。

そして掲示した後は，このハートが景色にならないように，定期的に「最近，どんなふわふわ言葉を言われましたか？」と尋ね，言われた言葉をハートの中に書いたり，別なカードに書いて掲示したりします。

また，いやな言葉を使っている子がいないかどうか，先生がアンテナを張っておくことも大事ですし，そういう言葉を許してはいけない，という子どもたち同士の心がけを促していくことが必要になってきます。

この他にも，たくさんのアクティビティがあります。私が主に参考にしたのは，『プロジェクトアドベンチャーでつくるとっても楽しいクラス』（岩瀬直樹，甲斐崎 博史，伊垣 尚人，プロジェクトアドベンチャージャパン監修，学事出版）や，『クラス全員がひとつになる学級ゲーム＆アクティビティ100』（甲斐崎 博史，ナツメ社）『エンカウンターで学級が変わる 小学校編―グループ体験を生かした楽しい学級づくり』（国分 康孝監修，岡田 弘編集，図書文化社）です。

5 朝のトークタイム・朝のミニゲーム

「**人間関係を円滑にするにはくだらない話をするのが効果的**」
という話を聞いたことがあります。確かに大人でも仕事以外のところで趣味
の話をしたり，酒宴で馬鹿な話をしたりすると距離が近づいたような気がし
ます。自分のクラスの場合は，いっしょに笑ったことが絆を深めているとい
う実感があります。

　私のクラスでは朝のけだるい雰囲気を解消するために，朝の時間にトーク
タイムやミニゲームの時間を設けています。

朝のトークタイム

　次のようなカードを用意します。

自分えらい！と思う瞬間	最近感動したこと	異性のここがうらやましい	もう一度いきたい場所
苦手なもの	大人になったなと思うこと	一度でいいから運転したい乗り物	お弁当に入っているとうれしいもの
いたらいいな，兄・姉・弟・妹	好きな給食のメニュー	あこがれの職業	こだわっている文房具
やってみたいスポーツ	マンガ・アニメのキャラになれるとしたら	ドラえもんの道具を一つもらえるとしたら	すごい！と思う人

　これは，紙のカードでもいいですしデジタルのスライドでも何でもいいで
す。要は子どもたちが話題を選べればいいです。

＜やり方その１＞

① 　３〜４人のグループをつくる。

② 　紙のカードを裏返しにして重ねる。

③ 　１枚めくって出てきた話題について一人ずつ話していく。

<やり方その２>
① 　３〜４人のグループをつくる。
② 　先生が紙のカードを引く。
③ 　出てきた話題について一人ずつ話していく。

　ここで大事なのは，質問とあいづちなどのリアクションです。「なんでそう思うの？」「他には？」とか，「あ〜私もそう！」「なるほどね〜」などが会話を盛り上げます。
　時間配分は，クラスのタイムテーブルによって調節してください。お題は何でもいいです。子どもたちから出してもらうのも手ですね。

🖊 朝の３分間ゲーム

　それから，私がこだわってきたのは，**朝の会でミニゲーム**をすることです。３分間だけするので私のクラスでは「３分間ゲーム」と呼んでいます。ひょっとすると，これがクラスの人間関係づくりに一番効果があったのかもしれません。「人間関係を円滑にするにはくだらない話をするのが効果的」という話をしましたが，遊びだったらもっと効果的でしょう。朝の眠そうなどんよりした雰囲気を明るくするだけでなく，**一緒にゲームを楽しむこと，笑い合うことでつながりが生まれます。**また，ゲームを楽しむには**フェアプレーの意識が大事なことも学べます。**
　これまでにたくさんのゲームをしてきました。

ウルトラマンゲーム（全員）	聖徳太子ゲーム
ウルトラマンゲーム（グループ）	セブンイレブンじゃんけん
たけのこにょっきっき	ぎょうざじゃんけん
しんげんち	負け復活じゃんけん列車
かぶっちゃやーよ	落ちた落ちたゲーム
辞書ゲーム	アップダウンゲーム

アップダウンじゃんけん	ジップザップ
進化じゃんけん	ひとりぼっちはやーよ
ゾンビおに	ことばずもう
魔法使い	誰がもっているかゲーム

＜たけのこニョッキッキ＞

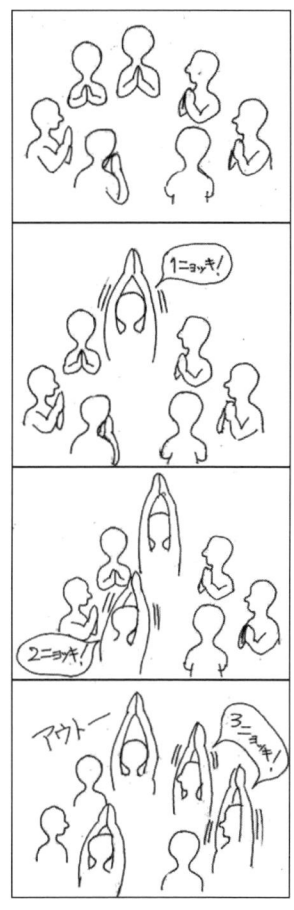

　昔，ネプチューンのＴＶ番組でやっていたゲームです。ご存知の方も多いでしょう。やり方は次の通り。

①　5～6人で輪になります。（これぐらいの人数がちょうど良いです。）

②　「たけのこニョッキッキ！」のかけ声で，みんな両手の掌を合わせて拝むように胸の前に構えます。

③　誰からでもいいのでランダムに「1ニョッキ！」「2ニョッキ！」「3ニョッキ！」と順番に言いながら，手をタケノコが伸びるように上げます。（上げた手はそのままおろしません。）

④　このときに，手を上げるタイミングが誰かとかぶってしまったらアウト。（例えば「3ニョッキ！」が2人いたらアウト。）最後になってもアウトです。（6人いたら，6番目になった人がアウト）ここがこのゲームのポイントです。

⑤　アウトになったら，ワンペナ（ワンペナルティ）です。時間内に最もペナ数が少なかった人が勝ちです。

このゲームは，周りの空気を読むところがおもしろいです。偶然性が左右するゲームなので，誰にでも勝つチャンスがあります。あと，短時間で何回もできるのもいいです。

<聖徳太子ゲーム>
　「聖徳太子は十人の人が同時に話すことを聞きわけることができた。」という伝説をもとにしたゲームです。
① 太子を子どもの中から一人決めます。（黒板の前に立たせます。）
② 話す人を５人決めます。（教室の後ろの方に横に並ばせます。）
③ ジャンルを決めます。（例えば，花，魚，食べ物，お笑い芸人，アニメのタイトルなど）これは太子役の子供にも教えます。
④ 太子には聞こえないように，話す人たち５人で誰が何を言うか相談して，割り振ります。（最初のうちは教師が入って決めるといいです。例えば，魚のジャンルだとしたら「サバ」「サケ」「イワシ」「サンマ」「マグロ」という風にします。）
⑤ 司会（教師）の合図で，５人は一斉に自分の割り当たった言葉を大きな声で言います。（一斉に言うので言葉が重なって聞こえます。ここがポイント。）
⑥ ⑤を３回繰り返したら，太子は５人が何と言ったのかを答えます。それを黒板に司会が書いていきます。
⑦ 最後に，５人の子がそれぞれ何と言っていたかを発表し，答え合わせをします。全部当たっていれば，聖徳太子と認定します。
　こんなシンプルなゲームですが，けっこう盛り上がります。話す人数や言う回数を変更して行うこともできます。クラス全員ではなく，５・６人のグループで交代しながらやっても楽しいです。
　このゲームはフェアプレー精神がないとつまらないです。言う方の子どもが，全員大きな声で言わないと楽しくなりません。自分たちが勝ちたいがために，わざと小さい声で言ったり，一人だけが大きな声だったりすることが

あります。そうしたことがないように，「みんなが楽しむためにゲームをしているのだから。」ということを確認すると良いです。

<しんげんち>

このゲームはある意味クラスの成熟度が測れるゲームです。

① 鬼を子どもの中から一人決めます。

② 鬼は廊下に出て，いいと言われるまで教室に入りません。

③ 鬼に気づかれないようにリーダー（震源地）を一人決めます。

④ 鬼以外の子は教室内で一つの輪になるように並び，中央を向きます。

⑤ 廊下にいる鬼を呼んで輪の中央に入れます。

⑥ リーダーは何かしらのポーズをとります。

⑦ リーダー以外の子はリーダーと同じポーズをとります。

⑧ 適当なタイミングでリーダーはポーズを変えます。

⑨ 同じようにリーダー以外の子はリーダーと同じポーズをとります。

⑩ 鬼はリーダーが誰かを当てます。

クラスの実情に合わせて時間やルールを決めてください。例えば1分以内に当てる，3回までしか言えない，などです。

これが楽しくできるクラスは関係性がいいクラスです。なぜなら，①みんなで楽しもうとしている。②協力できる。の二つが成り立っているからです。

このように，実はゲームで学ぶことがたくさんあります。**ルールとマナーを守ったうえで本当の楽しさは成り立つ，みんなで楽しむためにゲームをする，負けても楽しいというのが本当の楽しさ，フェアプレー精神がないとつまらなくなる**，などは私がいつも話すことです。また，ゲームでの様子から良い行動を取り上げて価値づけすることもあります。

一日の中で何度も子ども同士がかかわる機会を意図的につくることで，人間関係は確実に改善されます。

3 学習環境を見直そう

1 100年変わらない机配置

明治時代の教室（左）と現代の教室（右）。両方とも黒板の方を向いています。

　みなさんの教室では机の配置はどうなっていますか？写真で見ると子どもたちの座る席は，黒板の方を向いていて整然と列に並べられています。おそらくみなさんの教室でもこのように並んでいるのではないでしょうか。この光景，明治時代の教室と同じです（！）。驚きですね。100年以上変わっていない，ということです。黒板の方を向いているのは，先生の話が聞きやすいようにするためです。つまり，一斉指導に都合よくできているということです。そうです。「一斉指導に都合がいい」のです。

　この形でも問題ないと言えば問題ないでしょう。配置だけがこうなっていて，学習そのものは個別協働をする，という先生もいるでしょう。ですが，やはり，これだけでは不十分と言わざるを得ません。このような教室環境では個別協働を促進していくのは若干の困難さが見えます。

2　学習環境を変えよう

　人が環境から受ける影響は大きいです。現在の**教室環境が子どもの学びやすさに結びついているのかどうか，見直す必要がある**でしょう。

　例えば机の広さです。ＩＣＴ端末を置いて教科書やノートも置くとなると，多くの学校で使われている机のサイズでは狭いです。もっと広い机があるといいです。

　また，配置はどうでしょう。協働的な学びを進めるのであれば話し合いやすいようなテーブルがあるといいです。

　子どもたちがリラックスして学べる場所を選択できるように，環境を整えることが理想的です。イスの方が好きな子もいれば，座卓に座布団の方がいい子もいます。

　加賀市では「学びを変える」というビジョンのもと，学習環境の改善に取り組んでいます。空き教室を学習スペースにしたり，廊下にローテーブルを置いたりして，子どもたちが学びやすくしようと努めています。空き教室にカーペットを敷いてテーブルやスツールを置いている学校もあります。

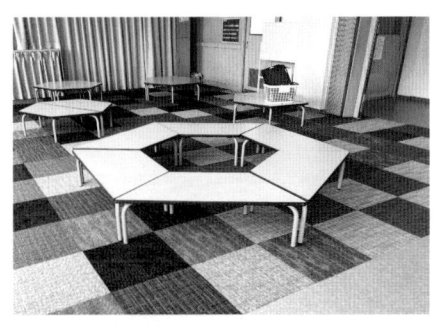

加賀市の学習環境デザインのイメージ（加賀市教育ビジョンより）（左），ある学校の学習スペース（右）

「いやいや，そんな予算はないですよ。」というご意見もあるでしょう。大がかりな取り組みは難しいかもしれませんが，ちょっとしたグッズで環境を変えることができます。

お茶の間スペース

　私はずっと地方の公立小学校に勤務していました。ごく普通の小学校です。そういうところでしたが，教室環境を工夫することはできます。

　コロナ禍前は，教室の後ろにござを敷いてそこにテーブルを置きました。クッションやキャンプ用のイスも置きました。すべて家にあったものです。このスペースは「お茶の間スペース」と呼ばれ，授業中や休み時間に自由に使われていました。このスペースは大人気で，自然に子どもが集まっていました。この場所で学習するメリットは，まずはリラックスできるということです。それから，自然と話し合いが生まれやすいということもあります。

授業中での活用の様子（左）と休み時間（右）

コロナ禍の時期は思い切ったレイアウトは取れませんでしたが，子どもたちのニーズに合わせて少しだけ変えていました。写真は2021年度の6年生の教室です。低いテーブルの方が勉強しやすい，という子がいて，初めは私が家から持ってきたちゃぶ台を使っていました。ところが，それを見た他の子が自分たちもロー

教室内のローテーブルエリア

テーブルがいい，と言い出して，学校内にあったものを借りてきて教室に置きました。子どもたちは，個人持ちの防災頭巾を座布団代わりにして，学習していました。

　このように，いかに子どもたちが学習しやすい環境を整えるか，そこが大事です。

　教室以外の場所で学習する，ということもいいのではないでしょうか。教室だとうるさいから静かなところでやりたい，という気持ちは共感できます。実際，私のクラスでは英語の学習で動画を作成する際に，静かな場所で録画したい，ということで昇降口に行っていた子がいました。

　これ以外にも隣の空き教室で学習する，ということがありました。目の届

かないところで，大丈夫でしょうか？と思う方もいらっしゃると思いますが，学習の目的を確認し，学習の効果を上げるために行うように，と声掛けをしていれば逸脱することはないです。

昇降口で学習する子

取り組んでいる先生たちの話 ＆こんな時どうする？Q&A

4

ここからは，**個別最適な学び，協働的な学びに取り組んできた先生方が当時感じていたこと**について，インタビューした内容をまとめたものを載せます。（担任学年と経験年数は2022年度のものです。）

　個別協働の授業はこれまでとかなり違った様相になるので，最初からうまくいったわけではないですし，懐疑的だったり不安だったりすることもあります。でも，それを乗り越えて実践を続けていくと，子どもたちの学ぶ姿が変わり，確かな効果を感じてきます。

　これから取り組もうとしている先生方の不安を解消する意味でこのインタビューを載せています。誰もが感じること，通る道がよく分かるのではないかと思われます。取り組んだきっかけもさまざまですし，取り組み方も，うまくいくようになった時期も，手ごたえの感じ方もさまざまです。先生方の取り組みも個別最適だったと言えるのかもしれません。

1　宮城県石巻市立山下小学校の場合

　私が教員として最後に勤務した学校です。石巻市は宮城県のやや北部に位置しており，田や畑も多く，沿岸部での漁業も盛んな街です。山下小学校は石巻市の中央部に位置した街中の学校です。児童数は200名弱。全部の学年が１クラスです。研究指定校だったわけでもなく，先進校でもない，ごく普通の小学校ではないかと思われます。

　2022年度の実践について紹介していきます。この時，私は２～４年生の算数ＴＴ，３～６年の理科専科をしていました。前年までに私が自分のクラスで個別最適な学び・協働的な学びをしていて効果を上げていたことを知っていた先生たちが，「自分たちもやってみたい！」ということで，算数の自由進度学習を始めることになりました。

◆岡麻知子先生（4年担任・教職19年目）

Q1 なぜ，個別最適な学び・協働的な学びを始めようと思ったのか？

やはり，今の時代は私たちが子どものころと比べて求められる力が違っていて，一律一斉の授業ではそうした力は育たないと思ったからです。だから授業を変える必要があると思って取り組みました。

Q2 やりはじめたとき，何を感じていたか？

一単位時間の中で手放すタイミングが分からなかったです。ずっと一斉に先生の説明が続いて最後に練習問題をやるんだったら今までとあまり変わらないんじゃないかなあって。潤先生にはもっと早く手放していいですよ，と言われましたが自分ではどこで手放していいのか判断がつかなかったです。

Q3 うまくいき始めたと感じたのはいつ頃？

他の皆さんより遅くて，半年はかかったと思います。秋ぐらいでしょうか。きっかけは，学習の手引きを自分できちんと作るようになったからだと思います。あらためて単元を見通して教材研究をして，あ，ここら辺なら任せられるなと見当がついてきたのが大きいです。

Q4 授業準備は大変だった？

学習の手引きを作るのは大変だったのですが，単元全部を見通せて（授業を組み立てられたので）そこまでの負担感はなかったです。

Q5 効果があると感じたのはどういうところから？

クラスの中ぐらいの子が伸びたなと思いました。それから，おとなしい子たち。一斉授業では「分かりません。」と授業を止めてまで手を挙げて質問できない子どもたちが，自由進度になると近くの子たちと相談できて，自分たちで解決できるから伸びていったんだなあと感じます。

Q6　やっていて困ったことは？

　中だるみですね。学びが進んでいるとは見えない子たちにどう声掛けするのか，困りました。学びが深まっているのか？教え合えているのか？そういうときにどう対応するか，ですね。

Q7　これから授業はどうしていきたい？

　これから一斉授業に戻ることはないかなあと思っています。4月は一部分だけ自由進度にして，と考えています。（今年度の担任は6年生で）今度の子どもたちは（自由進度の）経験があるので，比較的取り組みやすいかなあと思います。

◆大谷祐樹先生（3年担任・教職11年目）

Q1　なぜ，個別最適な学び・協働的な学びを始めようと思ったのか？

　自分の授業に自信をもったことがなくて，特に一斉指導で指示が通っていないなあとか，分かっていないなあとかいつも感じていました。苦手な子に合わせるとできる子が飽きてきて，意欲が上がらないなあ，っていうところに（個別協働を）紹介されて，あ，これはいいかもしれないって思って始めました。

Q2　やりはじめたとき，何を感じていたか？

　潤先生とTTだったというのもあって，自分の手から放す怖さは正直なかったですね。あんまり。もともと一斉授業での成功体験が少なかったというのも（要因として）あるかもしれません。

Q3　うまくいき始めたと感じたのはいつ頃？

　単元として一つ二つあたり進んだあたりです。割と早かったと思います。最初は一単位時間でしたけど，次は2ページ3ページぐらいを任せてみようと思うようになっていきました。

Q4 授業準備は大変だった？

　一斉よりははるかに少ないと思いました。初めに単元の教材研究を全部やってしまっていて，それをずっと続けるだけなので比較的楽だな，って思いました。（小さい子がいて）家に早く帰らなければならないようなときも，十分回っていたな，と。

Q5 効果があると感じたのはどういうところから？

　単元テストや（市で行っている）学力テストの正答率がぐっと上がったんですよね。特にクラスの苦手な子たちの点数が上がりました。それから，今まで算数の時間にやる気がない感じの子たちが，「次，算数，いつあるんですか？次はこれぐらい進みたいんですよね。」という発言もあり，クラスの子たちの算数に対する意識が変わったんだなあと感じました。

Q6 やっていて困ったことは？

　評価の方法が困りました。子どもの自己評価は観点があるので問題ないんですが，教師側の評価は困りました。進捗状況なのか，学習内容の定着度合いなのか，自信をもってできていなかったなあ，と思います。

Q7 これから授業はどうしていきたい？

　今度は2年生で，昨年（自由進度の）経験がないので，1時間の中で10分15分は自分の課題を選んで自分の進度で取り組めればいいかなあと思います。

◆櫻井優真先生（2年担任・教職2年目）

Q1 なぜ，個別最適な学び・協働的な学びを始めようと思ったのか？

　初任で何もわからず，算数の授業ってどうやったらいいんだろう？って困っていたところに（個別協働を）紹介されて始めました。やはり，一斉の授業では指示が伝わらなかったり意欲が上がらなかったりして，それに学力に差が大きいので，そういう子たち含めて全員が意欲的に学ぶためにはいいな

あと思って。

Q2　やりはじめたとき，何を感じていたか？

　自分が受けてきた授業とあまりにも違うので，初任1年目で「これでいいのだろうか？」という思いはありました。一斉授業のやり方も知らずに子どもたちに任せていいのか？って（笑）。

Q3　うまくいき始めたと感じたのはいつ頃？

　子どもたちが授業の仕方に慣れてきたのが2学期の後半あたりからでしょうか。九九の学習をしているときに，子どもたちが自分から進んで課題を選んでいた姿が見られるようになって，ああこの学習方法が意欲にも実力にもつながっているんだなあって思いました。

Q4　授業準備は大変だった？

　普通のやり方で算数の授業の準備を1年やってきていないので（比較するものがなく）分からないですが（笑），算数の授業準備で特に負担感はなかったです。子どもたちもなんか十分意欲的にやっていたので，これでいいのかなと思っていました。

Q5　効果があると感じたのはどういうところから？

　子どもたちの単元テストの点数が上がってきていて，もちろんそれだけでなく，宿題での間違いが減ってきたなあとか分かってきているなあと感じました。あと，授業中に「できた」という言葉がたくさん聞こえてきたことからも効果があるんだなと思いました。

Q6　やっていて困ったことは？

　低学年だと，勉強しなければならないという気持ちが足りず，上手く取り組めない子もいました。自分で学びに取り組んでいくのって大切なんだよ，

っていう言葉がけがもっとしていれば，どんどん取り組んでいく子どもが増えたんだろうなあって思いました。

Q7 **これから授業はどうしていきたい？**

一単位時間の中でどこかで任せていこうと思います。子どもたちから「ここからは自分で進められる」のような声が聞こえるので，これまでの積み重ねが生きているんだなあと思いました。

2 石川県加賀市公立小学校の場合

石川県加賀市では「ＢＥ ＴＨＥ ＰＬＡＹＥＲ」というスローガンのもと，教育改革に取り組んでいます。

改革のビジョンは次の4つです。

○学びを変える　○誰一人取り残さない
○未来は自分で創る　○地域と一緒に

私は「学びを変える」プロジェクトの取り組みの中の，個別最適な学び，協働的な学びを取り入れた授業を広める役割を担っています。

現在は各校を訪問し，先生方といっしょに授業の構想を考えたり，授業を参観して改善点を相談したりしています。

加賀市学校教育ビジョンパンフレット表紙

加賀市教育ビジョンは2023年の1月に発表されましたが，2022年度からすでに個別協働の授業を推進してきました。その黎明期に積極的に取り組んできた先生方にインタビューしたものを紹介します。率先して取り組んできた当時のことを知ることで，これから取り組もうとする方の一助になると思われます。（インタビューは24年6月，担任学年と経験年数は22年度のものです。）

学びを変えるプロジェクト

◆辻啓太先生（４年担任・教職４年目）

Q1 なぜ，個別最適な学び・協働的な学びを始めようと思ったのか？

　22年度に，先進的な実践をしている，名古屋市立山吹小学校に視察に行ったことが大きかったです。一人一人の進み方に合わせて，やりたい子はどんどんやる，時間をかけたい子はじっくりやる，という姿を見て「なるほど～」と思いました。

Q2 やりはじめたとき，何を感じていたか？

　その後，ちょっと試しに授業でやってみたら，山吹小学校と同じ学びの姿が見られ，これはいいな，と思いました。授業後に子どもたちに聞くと，

　「自分でできた！」という喜びの声や，クラスの子との交流が増て良かったという声が挙がりました。また，一斉授業では，全員に一緒に，教科書の順番通りに教えるしかできないですが，単元内で自由進度にすると，教科書とは違う順番で，自分で進めた方が理解が進む子どもがいたのも新たな発見

でした。反面，これで本当に学習が成り立つのかなあと，常に不安に思っていたのも事実です。自分が初任のころに受けてきた指導とは全然違うので，本当にいいのかなあ，という思いはありました。

Q3　うまくいき始めたと感じたのはいつ頃？

　最初の年は始めるのが遅かったので3単元ぐらいしかしませんでした。昨年度（23年度）は，そうですね……。だいたい2学期ぐらいだったかと思います。10月ぐらいからうまくいき始めた感じがします。繰り返し同じやり方をしてきたからだと思います。初めのころはただ単に仲の良い子と一緒に組んでいましたが，そのころだと一緒に学習するメンバーも目的を考えて組めるようになってきました。

Q4　授業準備は大変だった？

　自分の場合はTTの先生がいたのでプリントや解答などの準備は任せていました。自分は単元計画表を作って，子どもにどのタイミングでどんな支援ができるかを考えていました。後半はもっと簡略化していって，むしろつけたい力なんかを明示することを重視していました。最初にがっちり教材研究をしているので，一斉指導のころと比べても授業準備は同等か少なくなったように感じます。あと，提示するような大きいものを作らなくなりました。

Q5　効果があると感じたのはどういうところから？

　テストの点数が上がったことですね。特に今まで授業中に机に伏せて参加していなかったような子たちが点数を取れるようになった，というのは大きいですね。10月ぐらいには，ぼーっと外を眺めていたような感じも全然なくなってやる気を出していたんですね。それから，できる子たちが変わってきました。前は終わると「もうせんでええわ。（しなくていいや）」みたいだったのが，もっと難しいのをやろうとするようになりました。ある子の場合は，それが他の教科でも見られるようになりました。

やっていて困ったことは？

やり始めたころは，丸つけをどうしたらいいのか迷いました。子どもに委ねきれない気持ちが抜けなくて，自分でチェックしなくてはと思って自分で丸つけをしました。そしたら，列ができてしまって，しかも自分も他の子どもたちの様子を見ることができない，ということがあったのでそれが困りましたね。それから，次の年の子どもたちは実態が違っていて，前の年と同じようにやったら，わーって（混とんと）なってしまったので，やはり実態によって変える必要がありましたね。

あと，どちらのクラスもこういう（個別協働のような）新しいやり方に拒否反応はなかったです。ですが，先生から「分からないときは立ち歩いて聞きに行ってもいいよ。」と言っているにもかかわらず，授業中は立ち歩いちゃダメ，みたいなのがなかなか抜けない子もいました。

Q7　これから授業はどうしていきたい？

今は，（個別協働の授業スタイルは）算数をメインにしていて，あと社会で少しやっています。次は国語とか違う教科にも取り入れていきたいと思っています。自分で選ぶ，自分で考えて動く，ということ，まさに「ＢＥ　ＴＨＥ　ＰＬＡＹＥＲ」を授業で大事にしていきたいですね。

◆中川美紗子先生（5・6年担任・教職14年目）

Q1　なぜ，個別最適な学び・協働的な学びを始めようと思ったのか？

「個別最適な学び」とか「協働的な学び」という言葉が出る前に，複式なのでそういうことをせざるを得なかった，というのが実情です。一人の先生，二つの学年で授業をする，いわゆる「わたり」での授業でした。ですから，子どもたちで学習を進める場面をどうしても入れなくてはなりません。

個別協働，みたいなワードが出てきたときに，わたりの授業にプラスして何かをしなければならないのか，と一瞬思いましたが，よく聞いてみると，私たちがやっていることと大差ないな，あまり変わらないなと思いました。

Q2 やりはじめたとき，何を感じていたか？

　もともとやっていた土台があったので，それほど違和感はなかったです。進度表のようなもので単元を見通せるようにしたことで，自分たちがやってきたことがさらに良くなったなと感じていました。当時の５，６年生は自分たちで進める力があったので，どんどん学んでいけました。だから，不安よりも，教育ビジョンが始まったことで，やってきたことが整理されたような感じがして逆になんかスッキリしました。

Q3 うまくいき始めたと感じたのはいつ頃？

　今の５年生の場合は，４年生の最初のころ，分からないときに今まではぐずぐずしていたのに，友達に助けてと言ったり，自分たちで何とかしなくちゃと考えたりするようになってきたときですね。みんなでつながれるようになってきたんですね。だいたい２カ月ぐらいかかりましたでしょうか。このときに，子どもが変わったな，やってて良かったな，って思いました。

Q4 授業準備は大変だった？

　そんなに変わりはないです。見通しをもって自分も進められるようになってきた分，要るものと要らないものが見えてきて準備物が精選されるようになりました。準備に関しては，大変という意識はないです。

Q5 効果があると感じたのはどういうところから？

　やっぱり点数が上がったことですね。当時６年生だった子で，すごく勉強が苦手だった子が最後は100点満点取れるようになって卒業していきました（笑）。今担任している子たちも，点数は目に見えて上がりました。集中力が上がった子もいました。それから，先ほども言いましたが，横のつながりができるようになったことですね。算数を通して学級づくりができたなあと感じています。

Q6 やっていて困ったことは？

　正直，昔の「わたり」の方が困っていました（笑）。どこかで自分が見なきゃ，という思いがあって，子どもだけで進めている学年がちょっと（学習が）違った方にいっているな，というときに，「ちょっと待ってて−」みたいになるのが困りました。むしろ，今は任せようという覚悟もあるのでそういうのはなくなりました。今は，子どもたちの学習の様子を見ながら，調整をすることに重きを置いています。

Q7 これから授業はどうしていきたい？

　算数中心になっていますが，他の教科でも進めていけるようにしていきたいですね。国語では単元計画を子どもと一緒に作るということをずっとやってきているので，それをさらにレベルアップしていきたいです。今やっていることが，人数の多いクラスでも通用するようなものにできるといいかなと思っています。それから，異学年での学習の進め方をもっと工夫したいです。

◆髙橋菜見子先生（4年担任・教職13年目）

Q1 なぜ，個別最適な学び・協働的な学びを始めようと思ったのか？

　もともと個別協働をやる前の年に，（単元を貫く言語活動を取り入れた）国語の研究（指定）が当たっていたので，子どもを主語にした授業をやらないとなと思っていました。他にもアクティブラーニングとかいろいろ試していたのですが，うまくいっている感じがしなくて，どちらというと先生が主導で（子どもを）動かしているだけだなと思っていました。そんなときに愛知県の矢田小学校を見に行ったときに，この方法なら（自分の悩みが）解決しそうだなと思って始めました。それから，イエナプランや単元内自由進度の話も聞きました。イエナは無理だとしても単元内自由進度ならできるかも，と思いました。あと，蓑手章吾さんの本も読んでなるほどと思い，このやり方を始めました。

やりはじめたとき，何を感じていたか？

やり始めたときの子どもたちの反応が良くて，楽しそうに授業をしていたので良かったな，と思っていました。心配だったのはむしろ（学校の）他の先生方に「なんか変なことやってる？」と思われていないかとか，もし厳しい校長先生だったら怒られるんじゃないかとかいうことでした。（今までの授業との）見た目のギャップが大きいので，（評判を気にして）いつもドキドキしていました。でも，子どもたちが楽しそうだったので，このまま続けていってもっと（授業が）良くなればいいなと思っていました。

Q3 うまくいき始めたと感じたのはいつ頃？

始めてから3カ月ぐらいだったと思います。さっき言っていたクラスでも一度中だるみして，でも続けていって，子どもたちができるようになってきたのがだいたい3カ月ぐらいですね。次の年の6年生も，（一斉授業の）学習規律が染みついていたので，みんなでワイワイできるようになったのが，だいたい1学期の終わりから2学期の初めぐらいでした。

Q4 授業準備は大変だった？

単元の最初だけですね。学習進度表みたいなのをつくっていたので，それをつくるのは少し大変でしたけど，始まってしまってからはそのまま流れていくだけなので，準備は特にしていませんでした。むしろ，一斉指導のときの方が掲示物をつくるとかあったので大変でした。

Q5 効果があると感じたのはどういうところから？

学力が高い子が「つまんないな」という反応をしなくなったところや，寝ていた子が寝なくなったところですね（笑）。今まで学習に向かえなかった子が，自分のペースならできるよ，友達と一緒ならできるよ，という感じになってきたので，あ，このやり方は効果があるんだなと思えました。

Q6　やっていて困ったことは？

　最初のころ，私が「もっと話し合った方がいいのに。」と思っていても，子どもたちはなかなか話し合ってくれないとか，みんな一人でやっていて分からなくても声をあげない，というのはありました。あと，ときどき関係のないおしゃべりになってしまって注意しなければいけない，ということも。それから，早く終わってしまった子にどんな教材を用意すればいいのか，ということですね。

Q7　これから授業はどうしていきたい？

　幼稚園や保育園でやっていた遊びから発生する学びみたいなものを，途切れさせずに小学校の勉強にどうやってつなげられるか？って思っています。規律は必要かもしれないけれど，授業の時間は自分たちでやりたいことを通して楽しくやっていく時間だ，っていう風にしていきたいです。遊びの中の学びをどう仕組んでいくのか，考えていきたいです。

◆酒井優貴先生（6年担任・教職4年目）

Q1　なぜ，個別最適な学び・協働的な学びを始めようと思ったのか？

　愛知県の山吹小学校を見に行ったときに，今まで見たことのないような授業の進め方でやっていて，どんないいところがあるとかはよく分からなかったのですけれど，自分のクラスでやってみたら子どもたちはどんな風に動くのだろう？と思ったのが第一歩かなと。その後，小林プロジェクトマネージャー（私と同じように教育ビジョンを推進する役割の方。22年度より在籍。）にも相談してやってみたのが始まりです。今まで子どもたちが勉強を楽しくやっていたかなと思うと違う感じがするし，もっといい授業形態があるんだったら，その方がいいなと思ってチャレンジしました。

Q2　やりはじめたとき，何を感じていたか？

　やり始めたときは，やっぱり不安が強かったです。子どもに教える立場と

いう意識があって，子どもにしっかりと身に付けさせないといけないという思いが強く，どうしても心配になって教えてしまっていました。佐々木ＰＭ（私のこと）に，「そこまで（先生が）やらなくてもいいよ。」と毎回言われましたけど，心の中では超不安でした（笑）。

Q3　うまくいき始めたと感じたのはいつ頃？

　次の年に担任した５年生で言うと，自分たちで始めて自分たちで終われるように子どもたちの姿が変わったのは，やっぱり２学期の初めぐらいだったかと思います。そのころには，私はほとんど何も話さなくても，自分でめあてを決めて見通しをもって取り組めるようになっていました。

Q4　授業準備は大変だった？

　単元に入る前に教材研究するのはどんな授業形態でも同じだと思います。子どもの動機付けが大事なので，（単元の）最初は何するか考えましたけど，始まってしまってからは特に何もすることはありませんでした。社会なんかだと（一斉指導のときには）資料をつくったりするのでむしろ大変でした。

Q5　効果があると感じたのはどういうところから？

　最初の年の６年生，次の５年生，今の４年生のどのクラスでも子どもたちから「この勉強のやり方がいい！」って言っているところですね。子どもたちの勉強に対する意識が変わったのが見えたので，その効果はてきめんだったと感じました。学びに向かう意欲の変化は大きかったです。

Q6　やっていて困ったことは？

　学力が低い子は自分の勉強のやり方を見つけることができないことが多くて，そういう子にどういう支援をしていけばいいのか，結構悩みました。理想としては，子ども同士でつなげていけばいいのだと思うのですが，なかなかそうもならず，どうしたらいいのかなあと困っていました。

まず，ＩＣＴを効果的に使っていけたらいいな，ということです。それから，自立した学び手にするためには振り返りをしっかりさせていきたいです。自分はこの時間どうだったのか，よく考えていけるように充実させたいですね。

◆吉村真美子先生（5年担任・教職13年目）

Q1 なぜ，個別最適な学び・協働的な学びを始めようと思ったのか？

自分の子どもの学校で，小林プロジェクトマネージャーがこれからの加賀市の教育の方向性について話されていたのを聞いたことと，中堅教員の研修会でやはり講師の方からそういう方向（個別協働）に，授業が変わっていくという話を聞いたことがきっかけですね。自分のクラスでもできそうかなあと思って，小林プロジェクトマネージャーにいろいろと教えてもらって始めました。

Q2 やりはじめたとき，何を感じていたか？

算数に関しては，もともと1時間の最初と最後は一斉で，問題解決の部分や習熟の時間など，部分的に子どもに委ねていました。その委ねる幅を広げるイメージだったので，それほど遠くないというかあまり抵抗感はなかったですね。昨年度の子どもたちは持ち上がりだったので，先生も子どもも慣れていたと思います。国語の場合は単元を貫く言語活動のゴールに向かって自分たちで進めるということもやっていたので，大きな変化はありませんでした。国語はそのまま委ねる幅を少し広げてもいいかなと思いました。社会科に関してはどうしたらいいかなあと思って情報収集をしていました。

Q3 うまくいき始めたと感じたのはいつ頃？

算数はＩＣＴ端末の使い方に慣れたり，自分たちでできる範囲に気付いて進め方に慣れてきたりしたのが，（昨年の6年生は）1学期後半，6，7月

頃だったかなと思います。（今年の）6年生は，4月に学び方の説明や，なぜこの学び方なのかの目的共有からスタートし，5月中旬ごろから大きく変わったなあと感じています。

Q4 授業準備は大変だった？

　私の場合は事前にたくさん準備をしていました。ですから，大変でした（笑）。算数では毎時間用のスライドを用意したり，やっぱり紙の方がいいという子もいるから紙でも用意したり，そうやって両方置いておいて必要なものをどうぞという風にしています。領域によっては操作するものや解説動画，（参考になる）サイトのリンクなども準備して，子どもが必要なものを選べるといいなと思っています。国語の場合は，単元構想やゴールモデルの準備など，今までとほとんど変わらないですけど，デジタルを使えるようにしたりとか選択の幅が広がるように準備はしています。いろいろな要求に対応できるような準備はしておきたいなあと。

Q5 効果があると感じたのはどういうところから？

　子どもたちのアンケートには，こういう進め方（個別協働のこと）がいいと答えている子がほとんどでした。理由を見てみると「自分で時間を調節できる」「分からないときに友達に聞きやすい」「先生に聞きやすい」などが挙げられていました。また，理解の面からも「手ごたえを感じている」と答えている子が多いし，「次の単元もこのやり方でやりたい」と答えているので，やって良かったなあと感じています。

Q6 やっていて困ったことは？

　（今は）クラス替えがあってまだ2か月なので，子どもたちのかかわり方がまだうまくいかないところですね。（構成的）グループエンカウンターのエクササイズを実施してみたり，授業中のミッション（課題）でかかわる必要性のあるものを入れてみたりしていますが，まだちょっと難しいなと。そ

れから「ここちょっとみんなで考えたいな。」「多くの子どもが誤解している
ところがあるな。」「もうちょっと深めてほしいな。」というときがあるのだ
けれど，学習の進度にずれがあるし，せっかく集中しているときに手を止め
させるのもどうかと思い，どのタイミングで声をかけるか躊躇してしまうこ
とがあります。そこは難しいなあと感じていますね。

Q7 これから授業はどうしていきたい？

　もう少しこのまま続けていって，振り返りを充実させたいと考えています。
単元が終わったらテストの結果も踏まえて，自分の学び方がどうだったのか
客観的に見て，次にどうするかを決めさせていきたいなと思います。せっか
く，子どもたちが「この方法を続けたい。」「自分たちで進めたい。」と言っ
ているので，準備は大変でも頑張りたいなあと思います。「教科のつけたい
力がつくようにすること」と「目的をもって自ら学ぶ力をつけること」のど
ちらも大切にしていきたいです。

◆高鍬建史先生（5年担任・教職8年目）

Q1 なぜ，個別最適な学び・協働的な学びを始めようと思ったのか？

　河南小学校の公開で授業を見て，こういうふうにやればいいんだなとイメ
ージをつかみ，一緒に参観していた先生方と「見取りとか難しいよね。」とか
「こういうことを続けていくと話す力がつくよね。」という話になり，やって
みようかな，と思いました。それから，（加賀市の）ビジョンが出る，という
ことを聞いて，自分たちもそういう新しいことに対応していかなければなら
ないなあと思い，すぐに佐々木さん（私のこと）の本を買いました（笑）。

Q2 やりはじめたとき，何を感じていたか？

　やり始めたときは，子どもたちがめっちゃいきいきしていました。勉強を
するという概念が子どもたちの中で変わりつつあるなと感じました。これま
では（教師が）一方的に話をしていたのが，学習するペースも自分で決めら

れるし，勉強する相手も選べるし，すごく楽しそうにやっているので，あ，これ，いいなあって思っていました。と同時に，これでいいのかな？とも思っていました。家庭で子どもが「算数で何やってる？」って聞かれたときに「なんかよく分からん。」と言ったりするのではないか？とか力がついているのか？という心配はありました。

Q3 うまくいき始めたと感じたのはいつ頃？

国語はこれまでに似たような学び方をしてきたので，そのままいけるなと思いました。算数に関しては（昨年の6年生は）1学期ぐらい，6，7月ぐらいかなと思います。子どもたちみんなが学びに向いていたり，逸れてしまう子も戻ってこれたりするようになっていて，あ，軌道に乗ったなあって思いました。2，3学期になると学ぶ必要感も出てきたし，私の方でも自由度を増していけたので，すごく良かったなと思っています。

Q4 授業準備は大変だった？

個人的には1時間1時間の教材研究をするよりも，単元全体を見通して教材研究する方が合うなと思っていました。そして，最初のころは事前にたくさん準備しておきました。でも，子どもには必要感がないというか，「先生が使えと言うから使ってみるか」というのが多かったので，年度の後半からは子どもから声があがったら用意をする形にしました。例えば，図形をつくりたいと言われたら厚紙を出す，という風にしていたら，子どもたちも自分で何が必要か考えるようになったんですね。そういうのがいいなあと思っていました。

Q5 効果があると感じたのはどういうところから？

子どもたちが「今まで1時間がすごくつらかったんや。」「このやり方だと，分からんところも自分で分かりたいと思う。」「勉強ってこういう風にしていくと嫌じゃないな。」と言っていて，自分たちが方法や環境を選んで勉強で

きていて，しっかりと学びに向かえるようになった姿から，効果があるんだなと思いました。

Q6 やっていて困ったことは？

今年は子どもたちの（個別協働の授業の）経験も少なくて，先生に頼りすぎる子とか学びから逸れると戻ってこれない子がいて，その子たちに手をかけていると，他の子の様子を見取る時間がなくなってしまうなあ，というところですね。子どもたちの実態や今までの経験から，子どもたちに合う環境やしかけをつくることが大変です。新学期が始まって，まだ子どもたちとのかかわりも浅いので毎日試行錯誤しています。

Q7 これから授業はどうしていきたい？

子どもについた「火」を消したくないなあという思いがあります。せっかくやる気になっているのに一斉に戻すのもどうかと思うし，やりたくないな，やらされているな，という子に必要感をもって学んでほしいです。そのためには振り返りはすごく大事だと思います。学び方だけでなく，自分の力のどこが伸びたのか，どこが伸びていなかったのか，ということも客観的に捉えて，力がついていないのに周りに流されて進んでしまったなとか，自覚するような経験をもっとしてほしいと思っています。それを次に生かせるようになっていくといいなと。

◆先生方のインタビューまとめ

　宮城県石巻市と石川県加賀市の9人の先生方のインタビューを読んでいただきました。みなさんはどういった感想をおもちになりましたか？

　先生方の回答には共通しているところが多いですね。

◇ やり始めは不安だった。
◇ 軌道に乗るまでに2～5か月かかる。
◇ 子どもたちの意欲が上がる。
◇ 授業準備はそれほど変わらない。

　そして，**個別協働の授業の効果を実感している**，というところが同じです。この先生方は，周りでは誰もやっていないときに取り組もうとしたパイオニアです。この勇気が素晴らしいです。

　全然違う自治体，年齢も経験年数も違うのに，話していることにそれほど違いがないのはおもしろいですね。9人の先生方は**地方都市にあるごく普通の公立小学校の先生**です。悩みもあるし，喜びもある。これを読んでいるみなさんと同じです。

　さあ，勇気を出してやってみませんか？

3 こんな時どうする？ Q&A

　個別協働の授業はいままでの授業とかなり様相が変わって見えます。実際に授業を見たり，実践を読んだりすると，たくさんの疑問が生まれるようです。私もいろいろな方から「○○○はどうしたらいいんですか？」と質問を受けることが多くありました。ここからは，**個別最適な学び，協働的な学びで疑問に感じていること**について，Q&Aで説明していきます。

Q1 評価はどうするの？

　評価には評定のための評価（いわゆる通知表をつけるため，指導要録に記録するため）と，指導改善・意欲向上のための評価があります。**評定のための評価は今までと大して変わらないだろう**と思われます。実際，私もそうでした。テストやノートなどが対象になるでしょう。変わるとすれば，授業中の子どもたちの様子を見取る機会が増えるので，活動中の評価の量が増えることになります。また，成果物がデジタルになる場合が多いでしょうから，例えば動画でアウトプットした場合は多少見る時間が増えるかもしれません。

　評定のための評価も大事なのですが，子どもたちの学びをより良いものにするためには，**指導改善・意欲向上のための評価を大事にしたい**です。指導改善というより学びの改善，評価というよりもフィードバックと言った方が適切かもしれません。

　ですから，**授業中は子どもたちの様子をよく観察し，フィードバックをまめに行う**と良いです。人は誰でもそうですが，自分のことは自分ではよく見えないことの方が多いです。特に子どもの場合は。そういうときに，プラスのフィードバックをもらえたら，意欲も上がるし，活動の質も上がるでしょう。個別協働の方が一斉指導のときよりも圧倒的に子どもの姿が見えるので，ここは意識して取り組めると良いですね。

Q2 遊んでしまう子がいたらどうすればいいの？

　だいたいの場合は，「自由」を「やってもやらなくてもいい自由」とはき違えていることが多いですね。どうしても楽な方に流れてしまうのは，大人でも子どもでも同じです。ですから，やはりここは目的を意識させることが大事です。

　まずは，第1章でも述べたように**個別協働の授業を取り入れる目的をきちんと伝えること**です。一度では，忘れてしまいます。忘れていなくても，つい，ということもあります。子どもたちの状況を見て，言った方がいいタイミングを見つけて**何度でも話しましょう**。

　また，すぐに遊んでしまうような子どもは，これまでにあまりにも失敗体験を積み重ね過ぎていることが多いです。そのことによって，無力感が大きくなり，「どうせやってもできないし。」「がんばっても分からないから，やるだけ無駄。」と思っている場合がほとんどです。

　私は，セミナーとかでよく言うのですが，「**どんな子どもでも，『分かるようになりたい』『できるようになりたい』『認められたい』という根源的な欲求をもっている**」のです。ですから，**それを信じて肯定的なかかわりを続けていけば，子どもは変わります**。私はそうやって何人もの子どもの学ぶ意欲を引き出してきました。

　もちろん，教師だけでなく周りの子どもたちとのかかわりも重要です。プラスの方向に巻き込んでくれる友達の存在があれば，子どもは変わります。そうやって，小さい成功体験を積み重ねていくことが，学ぶ意欲を引き出すのです。地道ですが，これが一番の近道です。子ども自身が手ごたえを感じれば，あとは放っておいても自分から取り組むようになります。

　「自分を成長させるのは自分だけ。」この言葉を常に意識できるといいです。

Q3 学力はつくの？

つきます。

　第4章の「取り組んできた先生たちの話」の項でのインタビューにもあるように，点数が上がります。しかし，すぐには効果が出ない場合もあるし，一時的に下がってしまうこともあります。しかし，続けていけば効果は出ます。算数で個別協働に取り組んできたクラスでは，1学期末の段階で知識技能の観点の平均正答率が全員B以上になった，というエピソードもあります。

　そりゃそうです。今まで一斉授業で45分間分からないままに過ごしてきた子どもたちが，自分のペースでじっくり取り組めるようになり，クラスメイトからのサポートも受けられるようになっているのですから。それを続けていったら，そりゃできるようになるはずです。

　ちなみに私のクラスでは，いわゆる標準学力テストで前年度よりもかなり正答率が上がりました。中でもC群が伸びました。クラスの中のC群の割合が，前年度が約30％だったのに対し，この年は10％に激減したのです。そして，B群の上位が10％から30％に増加。つまり，かなり底上げされた，ということです。また，そのテストで測定された「主体的に学習に取り組む態度」は，すべての項目で全国平均を上回っています。**地方の普通の公立小学校でも結果が出ているのですから，みなさんの学校でも効果が表れるはずです。**

　中学校の先生からは「受験があるから……」というエクスキューズ（失礼）をよく聞きます。しかし，私が思うに，**自律した学習者に育てば受験に強いはず**です。なんたって自分から学習に取り組むのですから。まだ，先生が教えた方が分かる，という呪縛にとらわれている方が多いようです（またまた失礼）。取り組んでみれば，その効果を実感できます。

Q4 授業準備は大変なの？

　第4章の「取り組んできた先生たちの話」の項でのインタビューにもあるように，**多くの先生は大変だと感じていない**ようです。もちろん，授業をどうデザインするかによるので一概に言えることではありません。しかし，一斉授業のときの準備とは質的にも量的に変化しています。

　算数の単元内自由進度をする場合を例に挙げましょう。単元に入る前に教材研究をすることは一斉のときと変わらないです。ここで，単元計画表をつくったり，ワークシートを準備したりすることもあるでしょう。また，発展問題を用意したり，何か教具（立体模型など）をつくったりすることもあるでしょう。と，ここまで読んできてお分かりと思いますが，**要はやりよう**なのです。子どもたちの実態によることもあるでしょうし，単元の特性にもよるでしょう。ただ，個別協働の場合は，**子どもたち自身が進めていけるようなものを準備する**ところが違います。単元計画表もそうですし，選べるようなプリントを何種類か用意するところがそうでしょう。

　毎回たくさん準備をしなければならないのだとしたら，個別協働の授業を続けていくのは難しいです。ですから，続けていくために効率化を図ることが大切です。

　国語の場合も一斉のときとさほど準備物は変わらないでしょう。ワークシートをつくる人はつくるだろうし，なくてもいいと思う人はつくらないでしょう。

　ちなみに，**私のクラスの場合は必要なものは子どもたち自身が用意するのがデフォルトです。**ネットで無料プリントを見つけてそれを使っていたり，必要があるときは「先生，こういうのありませんか？」と聞いてきたりします。理科でも同様です。実験に必要なものは自分たちで考えて取りに行きます。私は，危険な薬品を用意するぐらいです。

　自分で考えて自分で学びをつくっていく子どもたちと授業をしていると，教師の準備物は極限まで少なくなっていきます。

Q5　ノート指導はどうしたらいいの？

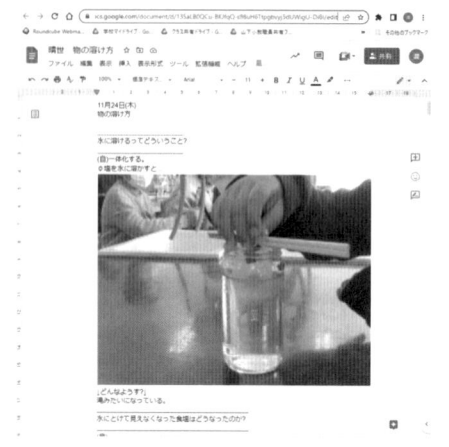

ドキュメントを使ってノート代わりにしている例。写真を貼り付けています。

ＩＣＴ端末を使うようになると，ノートの役割も変わってきます。アナログのノートの代わりに Google ドキュメントなどのワープロソフトを使うようにもなるでしょうし，スライドアプリを使うことも増えるでしょう。ＩＣＴ端末を使うと，写真を貼り付けることも簡単にできるし，加工すれば短い動画を貼り付けることもできます。（実際，理科のノートをドキュメントにして，写真やＧＩＦ動画を貼り付けている子もいました。）

　しかし，**ノートの本来の役割は変わらない**と思います。私は，ノートの役割は３つあると思っています。次のとおりです。

---

①　学習記録としての役割
②　練習をする場所としての役割
③　思考を整理する場所としての役割

　個別協働であったとしても，これらの役割はそのままでしょう。ＩＣＴ端末があることによって，見え方が変わるだけです。

　ただ，個別協働の授業では，自分の学習を自分で工夫することが多くなるので，ノートの書き方も自分で工夫するようになるでしょう。そういう意味ではノートの指導も変わってくると言えます。これは，もちろん授業での活動がどういうものになるかによります。

Q6 保護者からクレームがくるのでは？

　何も説明をしないで，いきなり個別協働の授業を保護者に見せたら，そりゃ混乱するでしょう。「これは授業なのか？」「これで学力がつくのか？」と，ハテナが浮かびまくるでしょう。何しろ自分たちが受けてきた授業とあまりにも様相が違います。戸惑うのも当然です。ではどうしたらいいのか。

　あらかじめ，学級だよりなどで伝えておくのです。こういう授業をしています，目的はこれこれです，子どもたちも意欲的に取り組んでいます，等のことを伝えておくと良いです。次に，**参観日の後の懇談会でも説明をします**。授業の動画も見せて，様子を詳しく説明します。このように目的を説明して，子どもの姿を見せれば納得します。そもそも，親からすれば，その子に合わせて一人一人に対応する授業スタイルで，学力もつくと分かったら反対する理由がありません。

　そして子ども自身が以前よりも「分かるようになった」「授業が楽しくなった」という実感をもっていて，家で話していればクレームが来ることはありません。

　ここまでやっておいてから，実際に個別協働の授業を見せれば保護者の皆さんも安心してくれます。

おわりに

数年前に担任をしていた頃のこと。

ある日の休み時間，職員室で少し話し合いが長引いて教室に行くのが遅くなってしまったことがありました。教室に向かいながら，「さて子どもたちはどうしているのだろうかねえ……。ちゃんと静かに待っていますかねえ……。」と思っていました。行ってみると……。

授業が始まっていました。 算数の教科書を読み，問題を解き，何人かは立って歩いて相談し，自分で採点も行っていました。自分たちで授業を始めていたのです。私が教室に入っていったことすら意に介していません。そのうちに，私に気づいた子が，「あ，始めてました。」とボソッと言いました。そのとき，子どもたちの学びに向かう姿勢が育っていたことを喜ぶよりも，なんだか呆気に取られていたような気がします。「あ，そ。」と答えて私も学びの輪の中に入っていきました。

それまで，私のクラスでは授業の最初だけ礼をしていました。子どもたちには「これから学習をする，というスイッチだと思ってください。」と言っていました。でも，この出来事があったあたり（2学期半ば？）には，それも必要なくなっていたようです。授業の終わりも時間を見ながら，そろそろ終わるから適当にキリのいいところでやめて振り返りをしようモードに入っていくのが分かります。もちろん，礼もしません。それぞれ次の活動へ向かっていきます。

理科の授業でも同様でした。理科室に行った子どもたちは，それぞれ今日の実験の準備を始めます。「先生〜，塩酸ください〜。」なんて声も聞こえて

きます。タブレットを使って実験を録画する子，ドキュメントでノートを書く子，ＮＨＫのサイトを見てメモをする子，何やら集まって話をしている子，様々な学ぶ姿がそこにありました。勝手に始まって勝手に終わっている授業でした。（授業を参観に来た某教育委員会の指導主事の方は「終わりの挨拶もしないんかい！」と思っていたそうな…。）

　こんな感じで毎日過ごしていました。当時は，週に30時間で空き時間なし（！）の状態でしたが，ほとんどの教科がこんな感じなので慌ただしさや，負担感もさほどなく，むしろ毎日楽しく授業をしていた記憶があります。子どもたちも「授業が楽しかった。」と言っていました。

　当時はあまり意識していなかったのですが，**自立（自律）した学習者に近づいていたのかもしれません。**今振り返ってみると，彼らはとても素敵だったと思い知らされています。そして，もっと詳細に記録を取っておけば良かったなと後悔しています。そしたらもっといい本が書けたかも（笑）。

　先日とある学校の先生と話をしていて，例えると自ら学んでいく子ってどんな感じなんでしょうねえ，という話になりました。

　「たぶん，一斉指導ってテーマパークに行って，はい，次はジェットコースターに乗りますよー，それが終わったらメリーゴーランドですよー，って先生が引率して子どもたちを並ばせて連れていくという感じです。あと，個別協働でも事前にいろいろ周到に教材・教具を準備しておくのって，先生がテーマパークのアトラクションを用意して，はいどうぞ！って差し出して，子どもたちはそれを選んで遊ぶ感じですね。楽しいんだけど考えてはいない，

そんなイメージです。私なんかは，あのアトラクションを作るにはどうしたらいいかな？とか，そもそもこのテーマパークにはどんなアトラクションがあるといいかな？って考える子どもを育てたいんですよね。だから，そういう風に子ども自身が考える授業をしたいと思っています。」

　と，自分でも驚くほど，なんだか饒舌に語っていました。

　そうなんですよね。個別協働になっても，やはり心配でたくさん準備したがる先生はいます。それを否定はしませんが，それで果たして本当の意味で子どもたちが自立した学び手になるのかな，と若干の疑問をもちます。

　あえて，一手抜くということを有田和正先生はよく話されていました。あえて，準備せずに**子どもに試行錯誤の余地を残しておくこと，創意工夫できる部分を提供すること。ここが実は大事なのではないかと，私は常々思っています。**

　失敗から学ぶことはたくさんあります。どこがうまくいかなかったのか，どうすればいいのか，思考が働く場面です。私はよく言っています。「**成功の反対は失敗ではありません。成功の反対は何もしないことです。失敗を生かして次に成功すれば，それは失敗ではありません。失敗になるのは，そこから何もしないからです。**」

　先生方も同じです。加賀市では研修会のたびによく言っています。「**子どもの学びと教師の学びは相似形**」って。

　取り組んできた先生方は，インタビューにもありましたが，「もう一斉授業に戻ることはない。」でしょう。私もそうです。これまで，多くの先行実践を学び，試行錯誤を重ね，実践を繰り返し，ここに辿り着きました。もう

すでに私の中では個別協働がスタンダードです。**これが，みんなのスタンダード，全国の学校のスタンダードになるといい**，そう願っています。

　「個別最適な学び」「協働的な学び」は，文科省の「令和の日本型学校教育」の中で述べられているものです。日本全国での取り組みにしなければなりません。私は学校教育が変わる大きなチャンスだと思って取り組んできました。これを多くの先生に広めたい，多くの子どもたちの学びをいいものにしたい，そう思い，この本を書きました。前作でも言いましたが，**私は指導主事をしたこともなければ，大学の研究者だったわけでもなく，先進校にいたわけでもない，地方の公立小学校の一教師だった者です。ですから，これらの実践は全国の公立小学校でもできると信じています。**

　明日からの，みなさんの授業に少しでも役立つことを願ってやみません。

　この本の出版にあたり，オファーをくださった明治図書出版の及川誠さん，私の実践に影響を与えてくれた全国の数多くの実践者，研究者のみなさん，同僚だった山下小学校の先生方，島谷教育長はじめともに歩んできた加賀市のみなさん，そして，どんなときにも支えてくれた妻に感謝します。

2024年8月

佐々木　潤

【参考文献・資料】

・文科省ＨＰ「「令和の日本型学校教育」の構築を目指して（答申）【総論解説】」
https://www.mext.go.jp/b_menu/shingi/chukyo/chukyo3/079/
sonota/1412985_00002.htm（閲覧日2021/2/1）

・文科省ＨＰ「『令和の日本型教育』における学びのイメージ（たたき台）」
https://www.mext.go.jp/content/20201222-mxt_kyoiku01-000011778_7.pdf
（閲覧日2021/1/10）

・加藤幸次『個別化・個性化教育の理論』（1985年，黎明書房）

・杉江修治『協同学習入門』（2011年，ナカニシヤ出版）

・ジョンソン・Ｄ・Ｗ，ジョンソン・Ｒ・Ｔ，ホルベック・Ｅ・Ｊ『学習の輪―学
び合いの協同教育入門―』（2005年，二瓶社）

・ジョージ・ジェイコブズ，マイケル・パワー，ロー・ワン・イン『先生のための
アイディアブック―協同学習の基本原則とテクニック―』（2010年，ナカニシヤ出
版）

・リコーＨＰ　田中康平「1人1台の学びを観察する視点〜デジタル・タキソノミー
とは？〜」
https://service.ricoh.co.jp/education/articles/00023.html（閲覧日2023/1/20）

・ＬＩＮＥ「ＳＮＳノート（情報モラル編）」

・甲斐崎博史，岩瀬直樹，他『作家の時間―『書く』ことが好きになる教え方・学
び方』（2008年，新評論）

・首藤久義『国語を楽しく〜プロジェクト・翻作・同時異学習のすすめ』（東洋館出
版社，2023年）

・宮城県教育委員会ＨＰ「算数チャレンジ大会」過去問題
https://www.pref.miyagi.jp/soshiki/gikyou/mathchallenge2023.html（閲覧
日2024/2/3）

・井庭崇の InspirationNote「「ジェネレーター」としての教師，親，リーダー」
https://note.com/iba/n/n33e2ed8c37ca（閲覧日2022/5/3）

・ちょんせいこ『ちょんせいこのホワイトボード・ミーティング』（小学館，2015

年）

・国分康孝，岡田弘『エンカウンターで学級が変わる小学校編—グループ体験を生かした楽しい学級づくり』（1996年，図書文化社）

・岩瀬直樹，甲斐崎博史，伊垣尚人著，プロジェクトアドベンチャージャパン監修『プロジェクトアドベンチャーでつくるとっても楽しいクラス』（2013年，学事出版）

・甲斐崎博史『クラス全員がひとつになる学級ゲーム＆アクティビティ100』（2013年，ナツメ社）

・中川綾『職員室と教室のチーム・ビルディング（明日の教室ＤＶＤシリーズ第26弾）（2012年，有限会社カヤ）

・佐々木潤『一日一笑！教室に信頼・安心が生まれる魔法のネタ』（2011年，学事出版）

・佐々木潤『学級開き入門（ＴＨＥ教師力ハンドブック）』（2015年，明治図書出版）

・佐々木潤『個別最適な学び×協働的な学び×ＩＣＴ入門』（2022年，明治図書出版）

・岩瀬直樹『クラスづくりの極意』（2011年，農山漁村文化協会）

【著者紹介】
佐々木　潤（ささき　じゅん）
1962年宮城県生まれ。現在，宮城県公立小学校勤務。
NPO法人授業づくりネットワーク理事。
実践研究，講演などを精力的に行っている。
2010年文科省優秀教員表彰を受ける。
『いちばん受けたい授業』（朝日新聞社編）で全国76人の「はなまる先生」の一人に選ばれる。
主な著書に『個別最適な学び×協働的な学び×ICT入門』（明治図書，2022年）『社会科授業サポートBOOKS　社会科授業がもっと楽しくなる仕掛け術』（明治図書，2021年）『社会科授業サポートBOOKS　社会科授業がどんどん楽しくなる仕掛け術』（明治図書，2016年）『THE教師力ハンドブック　学級開き入門』（明治図書，2015年）『一日一笑！教室に信頼・安心が生まれる魔法のネタ』（学事出版，2011年）がある。

個別最適な学び×協働的な学び×ICT「超」入門

2024年10月初版第1刷刊　Ⓒ著　者　佐　々　木　　潤
　　　　　　　　　発行者　藤　原　光　政
　　　　　　　　　発行所　明治図書出版株式会社
　　　　　　　　　　　　　http://www.meijitosho.co.jp
　　　　　　　（企画）及川　誠　　（校正）安田皓哉
　　　　　〒114-0023　東京都北区滝野川7-46-1
　　　　　振替00160-5-151318　電話03(5907)6703
　　　　　　ご注文窓口　　電話03(5907)6668

＊検印省略　　　　　組版所　株式会社木元省美堂

本書の無断コピーは，著作権・出版権にふれます。ご注意ください。

Printed in Japan　　　　　ISBN978-4-18-213523-1
もれなくクーポンがもらえる！読者アンケートはこちらから →

子どもの主体性を育む言葉がけの作法

宗實 直樹 編著

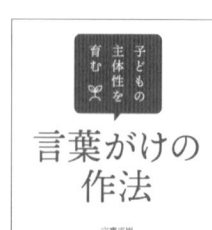

子どもの主体性を育むためには，表面的な行動を引き出すだけではなく，子どもの価値観や志向を肯定的にサポートする言葉がけが必要です。「子どもを見守る言葉がけ」「支える言葉がけ」「引き上げる言葉がけ」など，子どもの意欲を高めて伸ばす言葉がけの秘訣を1冊に。

A5判 136ページ／定価 1,980円(10% 税込)
図書番号 3389

樋口万太郎・若松俊介 たりない2人の教育論

樋口 万太郎・若松 俊介 著

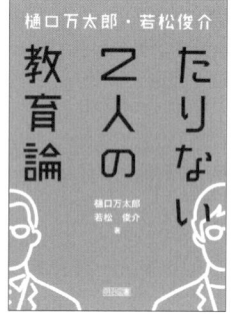

気鋭の著者2人が，教育・教師のあり方について余すことなく語る！2人の「教師観」「学級経営」「授業づくり」「教師の仕事術」を切り口に，学校や教師の理想とギャップ，学級経営や授業づくりで大切にしていることと考え方を語ります。今後の教育の羅針盤となる1冊。

A5判 144ページ／定価 1,936円(10% 税込)
図書番号 1062

ICTで変わる算数授業 はじめの一歩

1人1台端末を活かす授業デザイン

古川 俊 著

1人1台端末を活かすことで算数授業はこう変わる！算数授業におけるICT活用の「はじめの一歩」を，実践例をまじえて丁寧にわかりやすく解説しました。すぐに使えるテンプレートとYouTubeの解説で明日から出来る！ICTを活用した算数授業づくりの入門書。

A5判 144ページ／定価 1,980円(10% 税込)
図書番号 2963

EdTechで創る 未来の探究学習

山内 祐平・池尻 良平・澄川 靖信 著

探究学習におけるEdTech活用には，様々なバリエーションがあります。探究学習を「問いづくり」「調査・実験・開発」「発表・議論」の3つのフェーズでとらえ，EdTechの活用方法を具体的な事例をもとに紹介しました。明日の授業に活かせる必携の入門書です。

A5判 176ページ／定価 2,200円(10% 税込)
図書番号 2687

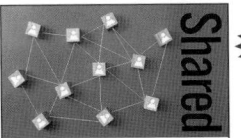

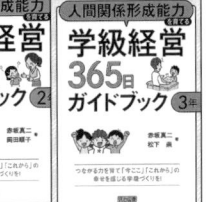

教師と保護者ための
子どもの学び×ＡＩ入門

福原 将之 著

子どもたちが将来ＡＩ格差に陥ることなく幸せに生きるために，私たちが今出来ることとは？教育における生成ＡＩの基礎基本と活用ポイントをまとめたトリセツに加え，最新の教育活用事例を取材をもとに詳しく解説します。ＡＩ時代の教師と保護者にとって必携の一冊です。

Ａ５判 160 ページ／定価 2,046 円(10% 税込)
図書番号 3141

令和型不登校対応マップ
ゼロからわかる予防と支援ガイド

千葉 孝司 著

近年また増加傾向にあると言われる不登校。コロナ禍やＳＮＳの影響など，不登校の原因も社会情勢や環境の変化により多様化してきています。正解がない令和型ならではの不登校対応について，教師と子どもの場面別の会話例も入れて解説しました。明日の道標となる１冊です。

Ａ５判 144 ページ／定価 2,046 円(10% 税込)
図書番号 2411

『学び合い』
誰一人見捨てない教育論

西川 純 著

「一人も見捨てない」教育は，『学び合い』でどのように実現出来るのか。その基礎基本からつまずくポイント，読者からの疑問に応えるＱ＆Ａから『学び合い』の応用法，活かし方までを１冊にまとめました。個別最適な学びを目指すこれからの教育に必携の書です。

Ａ５判 176 ページ／定価 2,266 円(10% 税込)
図書番号 2634

苦手でもできる！
ＩＣＴ＆ＡＩ活用超入門
個別最適な授業づくりから仕事術まで

朝倉 一民 著

ＩＣＴやＡＩって言われても…という先生も必見！授業での子どものやる気向上と校務の効率化を実現する！ＩＣＴ＆ＡＩ活用はじめの一歩。個別最適な学びを目指した一斉学習・個別学習・協働学習での活用法から学年別ＩＣＴ授業プラン，校務で活用する仕事術までを紹介。

Ａ５判 152 ページ／定価 2,266 円(10% 税込)
図書番号 1633